Schöne Florale Bilder

Gundel Granow

Schöne Florale Bilder

Girlanden, Körbe, Kränze

52 Farbfotos
31 Zeichnungen

VERLAG EUGEN ULMER

Titelfoto:
Mohn in Verworrenheit
Beschreibung
Seite 70

Sämtliche Arbeiten
stammen von der Autorin.
Fotos von Manfred Schramm.
Zeichnungen von Joannis Selveris
nach Vorlagen der Autorin.

Seite 2: Orangenscheiben und Mohn
Beschreibung
Seite 71

Die Deutsche Bibliothek — CIP-Einheitsaufnahme

Granow, Gundel:
Schöne Florale Bilder: Girlanden, Körbe, Kränze/
Gundel Granow. — Stuttgart : Ulmer, 1993
   ISBN 3-8001-6517-1
NE: HST

Das Werk einschließlich aller seiner Teile ist urheberrechtlich geschützt.
Jede Verwertung außerhalb der engen Grenzen des Urheberrechtsgesetzes ist
ohne Zustimmung des Verlages unzulässig und strafbar.
Das gilt insbesondere für Vervielfältigungen, Übersetzungen, Mikroverfilmungen
und die Einspeicherung und Verarbeitung in elektronischen Systemen.

© 1993 Eugen Ulmer GmbH & Co.
Wollgrasweg 41, 70599 Stuttgart
Printed in Germany
Einbandgestaltung: Alfred Krugmann, Freiberg am Neckar
Mit einem Foto von Manfred Schramm
Lektorat: Ingeborg Ulmer
Herstellung: Thomas Eisele
Satz: Typobauer Filmsatz GmbH, Ostfildern 3
Druck und Bindung: Passavia Druckerei GmbH, Passau

Vorwort

»Der Geschmack ist die Kunst, sich auf Kleinigkeiten zu verstehen« — diesen Gedanken des Schriftstellers Jean-Jacques Rousseau möchte ich aufgreifen und meinem Buch voranstellen.

Das Thema »Wandschmuck« aus floristischer Sicht mag zum einen den Blick dafür öffnen und schärfen, wie Kleinigkeiten in Beziehung zu ihrer Umgebung stehen, und zum anderen, wie diese ihrerseits zu einem gestalterischen Ganzen zusammengefügt werden und verschmelzen können.

Der Umgang mit Gestaltungsmaterialien, seien sie nun pflanzlicher oder nicht pflanzlicher Beschaffenheit, erfordert von jedem, der bewußt gestaltet, ein hohes Maß an Sensibilität.

Wenn die Bereitschaft besteht, Werkstoffe so zu sehen, wie sie sind und nicht, wie sie sein könnten, ist bereits eine wesentliche Voraussetzung für kreatives Schaffen erfüllt.

Die Auseinandersetzung mit den unterschiedlichen Gestaltungsmitteln kann bereits Möglichkeiten der Verarbeitung aufzeigen. Das Erkennen von inneren und äußeren Strukturen, von Gestaltungsansprüchen und Wesenheiten führt zur angemessenen Verarbeitungsweise und spiegelt sich im geschaffenen Ergebnis wider.

Der Umgang mit handelsüblichen Gestaltungsmitteln kann dabei ebenso zum Experimentieren herausfordern wie Selbstgesuchtes und Gesammeltes. Neue Kombinationen sollten gewagt werden; Materialien in unüblicher Weise zusammenzufügen und in neue Zusammenhänge zu bringen, fordert jeden Gestalter heraus.

Mir kommt es mit meinem Buch nicht vorrangig darauf an, einzelne Gestaltungsbeispiele für floralen Wandschmuck vorzustellen; ich habe vielmehr die Absicht, den Blick auf die vielfältigen Materialien und ihre Eigenheiten zu lenken.

Sind diese erst einmal erkannt, können wir sie hervorheben und sichtbar darstellen. Dabei möchte ich den Weg von der Betrachtung des Werkstoffes hin zum gestalteten Werkstück aufzeigen, um so zu eigener Kreativität anzuregen.

Mein Wunsch ist es, jeden, der bewußt mit »sehenden Augen« gestaltet, aufzumuntern, neue Wege der Gestaltung zu beschreiten. Vieles blieb bis dahin verborgen, und dabei lohnt es sich, allem Unbekannten offen und wertfrei zu begegnen.

Diese Empfehlung möchte ich mit eigenen Beispielen unterstreichen und zugleich Neugierde wecken auf eigene Erlebnisse mit offenbarten Kleinigkeiten.

Gundel Granow
im Frühjahr 1993

Für Rolf

Inhaltsverzeichnis

Vorwort 5

Einleitung 9
Kreativität besitzt jeder 9
Vom richtigen Sehen und
Erkennen 10

**Gestaltungsprinzipien und
Gestaltungsarten** 11
Symmetrische und asymmetrische
Ordnung 11
Die Reihung 13
Flächengliederungen 14
Gruppierungen 15
Paralleles Anordnen 16
Das Gruppengesetz der
Beschränkung 17
Das Gesetz der Rangordnung 18
Wechselwirkungen zwischen den
Gestaltungsprinzipien 19
Farbe – Form – Bewegung 20
Stoffliche Eigenarten – Strukturen
– Texturen 20

Farbe als Gestaltungsmittel 21
Grund- und Mischfarben 21
Neutrale Farben, Schwarz
und Weiß 22
Farben haben Eigenschaften 22
Farbharmonien 22
Farben benötigen Licht 23

Werkstoffe und Materialien 24
Getrocknete Vegetation 24
Methoden zum Haltbarmachen 26
Veredelung von Werkstoffen und
Materialien 26
Fixier- und Stabilisierungshilfen 27
Technische Hilfsmittel,
Werkzeuge 27
Tragende Gestaltungsmittel
– Gestaltungsträger 28

Florale Setzkastenfüllung 29
Ein Kasten voller Erinnerungen 29

Kränze 31
Alle meine Blumen für diesen
Kranz 31
Ein Kranz vermittelt
Gebirgsstimmung 32
Edle Unnatürlichkeit – auch ein solcher
Kranz besitzt Charme 34
Die vier Jahreszeiten – in einen Kranz
gewunden 35

Geflechte und Körbe 37
Floraler Reigen – bewegte
Natürlichkeit 37
Zwei Stoffrosen und zwei Federn 38
Verflochten – verworren
– durchwirkt 39
Ein Füllhorn und viele Silberlinge 40
'Nicole' – unvergessene
Rosenschönheit 42
Früchte und Federn 43
Gefüllte Herzen 44
Wachsrosen und Seide 45

**Umrahmte Gestaltungen
– Materialbilder** 47
Viel Gold und auch Türkis 47
Verfremdung 48
Schwarzer Kasten – edler Inhalt 50
Erbsen, Bohnen, Linsen – Hülsen-
früchte an der Wand 52
Ordnung und Unordnung 53
Die Sonnen sind verglüht 54
Dem Winter entgegen 55
Hommage à Lanzarote 57
Strandgut 58
Mahagoni, Kupferblech und
Eisenspäne 59
Deutsche Eiche und Früchte vom
Affenbrotbaum 62

Spieglein, Spieglein... 63
Blick aufs Maisfeld 64
Mohn-Trilogie 67
Rot und Violett — aktiv und
dunkel 67
Mohn in Verworrenheit 69
Orangenscheiben und Mohn 71
Kleiner Kasten — einmal senkrecht,
einmal waagerecht 72
Gesammeltes 73
Zartes Saitenspiel 75

Floral-Collagen 77
Der Fächer der Tulpenfrau 78
Feuerpfeile 79

Gestaltungsträger werden zu Gestaltungsmitteln 81
Bunte Bambuskoordinaten 81
Einfach nur Dachlatten — längs
und quer 83

Fries- und Reliefgestaltungen 84
Die majestätische Silberdistel 84

Lederne Pflanzlichkeit 85
Faserig durchdrungen 87
Eine Kuhglocke — »Made in
Switzerland« 87

Bögen und Girlanden 89
Herbstliche Impression in
Bogenform 89
Im Bogen verborgen 91
Zarte Verfolgung 92
Naturhaft wuchernd — Reigen mit
immerblühenden Rosen 93
Die Herbstsonne ist noch spürbar 94

Gesammeltes und Zusammengetragenes aus der Natur 97
Gewachsen — getrocknet — bereit zur
Verarbeitung 97
Exoten aus Importen 102
Wichtige Trockenmaterialien und
ihre Namen 103

Literaturverzeichnis 107
Sachregister 108

Einleitung

»Schöne Dinge bereichern das Leben« oder »gern umgeb' ich mich mit schönen Dingen« sind bekannte Redensarten, die möglicherweise auf die Eitelkeit des Menschen abzielen. Eitelkeit ist dabei jedoch nicht gleichzusetzen mit Arroganz, sondern mit der Eigenheit, sich in der Umgebung schöner Sachen wohlzufühlen. Sicherlich gehört bei manchem das Prestige-Denken unbedingt dazu, doch fehlt diesem dann die wahre persönliche Beziehung zu seiner Umgebung.

In einer Zeit, in der vieles auf dem Weg des Unpersönlichen zurückbleibt, möchten doch viele Menschen wenigstens in ihrer näheren Umgebung Behaglichkeit und Geborgenheit verspüren.

Das High-Tech-Wohnen liegt hinter uns, längst haben warme, leuchtende Farbtöne das monochrome Grau-Weiß-Schwarz an den Wänden und bei den Einrichtungsgegenständen abgelöst.

Mit der »neuen Wohnlichkeit« wuchsen auch die Bedürfnisse nach einer gewissen Raumatmosphäre. Dekorative Pflanzen begrünen Zimmer und Flure, duftende Blumensträuße und Arrangements verbreiten Wohlempfinden für Augen und Nase.

Auch die Wände werden mehr und mehr Träger schmückender Raumelemente. Großgemusterte Tapeten, die keinen Wandschmuck zuließen oder diesen ansonsten verschluckten, gehören längst der Vergangenheit an. Einfarbige, neutrale Wände, vielfach auch in sich strukturiert, bieten den idealen Hintergrund für aufgehängte Gegenstände.

Das Bild bleibt dabei unbestritten das schmückende Wandobjekt schlechthin. Einen kleinen Eindruck davon, wie vielfältig schöner Wandschmuck floristisch gestaltet werden kann, vermitteln die Beispiele in diesem Buch. Eine breite Palette an Möglichkeiten wird aufgezeigt und erläutert und soll Lust machen auf eigenes Schaffen und Gestalten.

Kreativität besitzt jeder

»Wecken, was in einem steckt!« — so sollte die Aufforderung an jeden lauten, der sich gestalterisch betätigen möchte. Inspiriert durch Gesehenes, Erfahrenes oder durch Begegnungen möge man sich verleiten lassen zum Selbsttun, wobei das »Leiten« nicht nur im üblichen Sinne von »Anleiten« verstanden werden sollte. Unterschiedlichste Materialien und Verarbeitungsmethoden bieten Anreiz zur Kreativität.

Schon der Umgang mit den Werkstoffen verlangt besondere Aufmerksamkeit: wie werden diese gesehen? Beschränkt sich die Betrachtung dabei bloß auf das optische Vorhandensein, als etwas aus einem bestimmten Material Bestehendem — oder geht es darüber hinaus? Ist es nötig oder möglich, den Werkstoff zu formen, zu korrigieren, zu beeinflussen, oder ist es in seiner Eigenart zu respektieren, so zu belassen und um seiner selbst willen zu schätzen? Oder kann er den Gestalter herausfordern: Mach etwas mit mir — gestalte mich?

Unsere Vorliebe zur Bequemlichkeit, zum simplen Nachahmen unterdrückt oft den aufkommenden Funken an Spontanität und Kreativität im Umgang mit den Gestaltungsmitteln. Herkömmliche Betrachtungsweisen mit der dazugehörigen Frage nach Sinn und Zweck einer Sache, nach Verwendungsmöglichkeit und Nutzen engen jede freie Entfaltung ein. Die Betrachtung eines Gestaltungsmittels um seiner selbst willen gerät meistens außer Betracht: Wir erliegen der Konvention zum Nachteil des zu betrachtenden Gegenstandes. Wir sind oft nicht bereit, dem Werkstoff eine gewisse Eigenständigkeit zuzubilligen, und bringen die Geduld nicht auf, diese zu entdecken.

Dabei ergibt sich gerade dadurch eine neue, disziplinierte Anschauungsweise, die den Weg zu völlig neuen Gestaltungsmöglichkeiten eröffnet, indem wir dem Werkstoff seine Eigenheit zugestehen und uns in Zurückhaltung mit unseren vorgefaßten Sehweisen üben. Die so gefundenen Gestaltungsmöglichkeiten tragen dann dem Eigenanspruch des Materials Rechnung und lassen gleichzeitig unsere Sensibilität im Umgang mit ihm erkennen: Ein Sichtbarmachen von bisher nicht erkannten Eigenschaften durch neues Verständnis und unvoreingenommenes Sehen sind dann das glückliche Ergebnis.

Die Kreativität – gleichbedeutend mit »schöpferischer Kraft« – ist eine besonders bei Kindern zu erkennende Eigenschaft. Sie setzen sich unvoreingenommen spielerisch mit einer Sache auseinander, vertiefen sich geradezu darin und sind bereit, etwas geschehen zu lassen. Die Erwachsenen haben dieses unbekümmerte Verhalten verlernt; sie greifen auf Erfahrungen zurück, auf Erlerntes und Erprobtes, zugleich Bewährtes. Vielfach erliegen sie dem Fehler – zugestandenermaßen unbewußt – sich unter Zwang zu setzen, um auch wirklich etwas Brauchbares, Erklärbares und Anerkennung Findendes zu schaffen. Und genau das kann zu Blockaden in der Kreativität führen, da jeder Erfolgszwang lähmt und so jede Spontanität beeinträchtigt.

Begegnet man Gefundenem hingegen spielerisch, unvoreingenommen und neugierig, kann viel leichter durch Experimentieren mit diesem Gegenstand ein neuer Weg beschritten werden, nämlich ein neuer Weg der Gestaltung, der Gestaltungsmöglichkeiten. Die Ausdrucksstärke, die wir vermitteln oder hervorkehren können, ist in dem Material selbst begründet.

Es liegt an uns und in uns, diese Ausdrucksmöglichkeiten des Materials zu finden, zu betonen und auch für andere sichtbar zu machen – als Ausdruck unserer eigenen Kreativität.

Kreativität heißt damit nicht nur, aus uns selbst heraus eigenständig schöpferisch zu sein, sondern auch, Eigenschaften der Natur, der Materialien aus der individuellen Betrachtung heraus zu erkennen und im Geschaffenen zu vermitteln.

Vom richtigen Sehen und Erkennen

Die Auseinandersetzung mit dem eigenen Gestaltungsvermögen und einer eigenen Ausdrucksweise fordert Öffnung nach außen.

Materialien neu zu sehen, ihre Eigenarten zu erkennen, sowie das Zu- und Einordnen in ein neues Umfeld machen bereit, neue Gestaltungswege zu beschreiten; auf diese Weise ist eine Weiterentwicklung erlernter und fundierter Kenntnisse möglich. Die Bereitschaft, sich vom Hergebrachten, unbewußt bequemen und einfachen Wahrnehmen zu lösen, kann der Auslöser zu einer weiteren Bereitschaft, nämlich der des »wertfreien« Sehens, sein.

Neue Erkenntnisse öffnen neue Wege – neues Wahrnehmen und Sehen regt zu neuem Tun an. Mit dieser ungewohnten Kreativität gelangen wir zu objektiver Betrachtungsweise, zur Überwindung gewohnten Verhaltens, gewohnten Sehens.

Sind wir aber erst gewohnt, richtig zu sehen und zu erkennen, vermögen wir beim Gestalten unser Augenmerk auf wesentliche Faktoren zu lenken:
— Formenvielfalt
— Linienführungen
— Oberflächenstrukturen
— Farbigkeiten – Farbharmonien – Farbkontraste
— Formkontraste
— Materialunterschiede

Gestaltungsprinzipien und Gestaltungsarten

Jedes Gestalten ist gleichzeitig ein Ordnen. Um eine gute und ausgewogene Gestaltung zu schaffen, müssen Ordnungsprinzipien erkannt und bewußt werden und in der Gestaltung Berücksichtigung finden. Nichts sollte zufällig zusammengefügt oder gar »zusammengebastelt« werden, sonst könnte es durchaus so wirken.

Die Ordnungslehre befaßt sich allgemein mit solchen Prinzipien. Sie bildet ein nützliches Handwerkszeug, damit jeder selbst im Sinne des vorher genannten »richtigen Sehens« solche Grundlagen erkennen und verarbeiten kann. Sie dient somit – richtig genutzt – dazu, Kreativität zu fördern, weil sie den Weg zum Erkennen verkürzt.

Ihre falsche Anwendung als rein formales Schema, das nicht kritisch und sachbezogen reflektiert wird, führt dagegen zur Einengung der Kreativität.

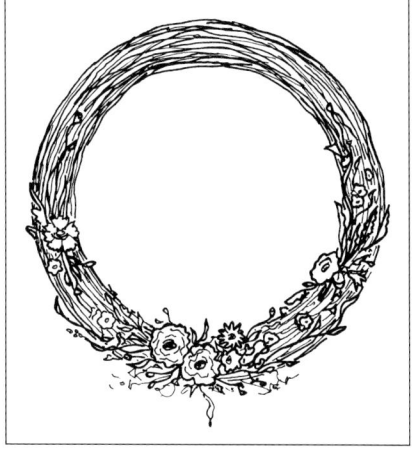

Wandkranz aus Stroh mit einer asymmetrischen Garnierung. Die Wirkung der asymmetrischen Ordnung ist frei und ungezwungen, wuchshaft und bewegt, spannungsreich und lebendig.

Symmetrische und asymmetrische Ordnung

Die Ordnungslehre unterscheidet grob zwischen der symmetrischen und der asymmetrischen Ordnung mit optischem Gewichtsausgleich: Beide Ordnungsarten verfolgen das Ziel, die Gestaltung zu einer optischen Einheit zu führen.

Die symmetrische Ordnung ist klar und streng in ihrer Form; die Gesetzmäßigkeit des Spiegelbildlichen kommt zum Ausdruck. Die Anordnung der Gestaltungsmaterialien hat dekorative Wirkung, so daß die ordnende Hand deutlich spürbar ist. Bei der dekorativen Gestaltungsart ordnen sich alle Gestaltungselemente zugunsten einer beabsichtigten harmonischen Gesamtwirkung unter. Das Einzelelement büßt dabei seinen Geltungsanspruch und Charakter ein; die wuchsge-

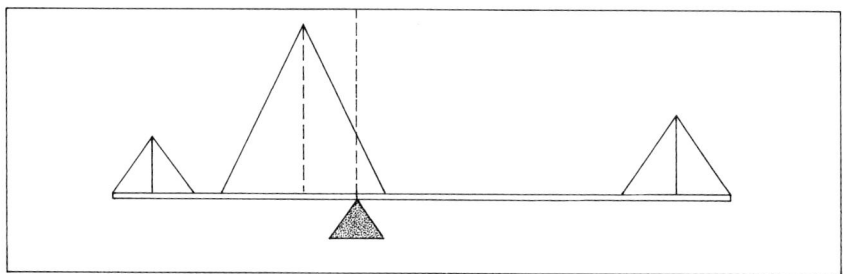

Neben dem Hauptmotiv liegt das Nebenmotiv, auf der anderen Gruppenseite liegt das Gegenmotiv. Der Waagepunkt wird gefühlsmäßig festgelegt.

Die symmetrische Gruppierung hat zwei spiegelbildlich gleiche Seiten.

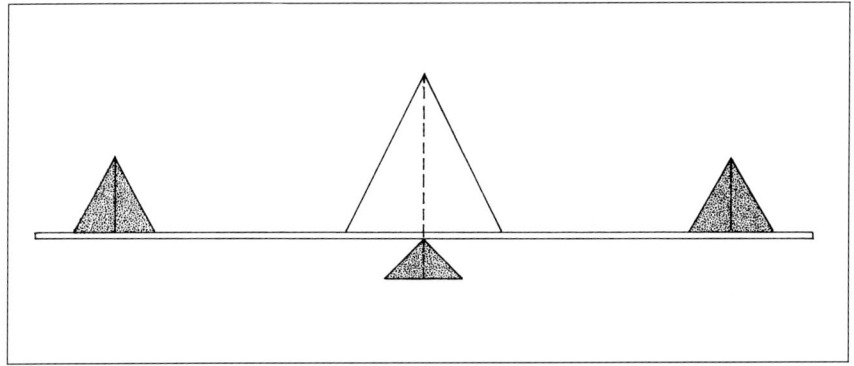

Wandkranz aus Stroh mit einer symmetrischen Garnierung. Die Wirkung der symmetrischen Ordnung ist gebunden an die spiegelbildliche Gleichheit, streng und architektonisch, klar und ruhig.

rechte Verarbeitung steht nicht im Vordergrund, sondern die (beabsichtigte) angestrebte Schmuckwirkung.

Die asymmetrische Gestaltung hingegen läßt vom ersten Anschein her weniger Ordnendes spüren; landschaftlich, naturhaft, vegetativ wirkt die Anordnung. Dennoch unterliegt auch sie gestalterischen Überlegungen. Die vegetative Gestaltungsart ist gekennzeichnet durch die freie Ordnung aller Gestaltungselemente. Nichts wird entgegen seinem Geltungsanspruch, Charakter und seiner Wuchsform angeordnet. Diese Gesetzmäßigkeit fordert von dem Gestalter Disziplin und Einfühlungsvermögen, soll doch das Ergeb-

In einer symmetrischen Anordnung liegt der Waagepunkt zur Feststellung der Ausgewogenheit in der geometrischen Mitte.

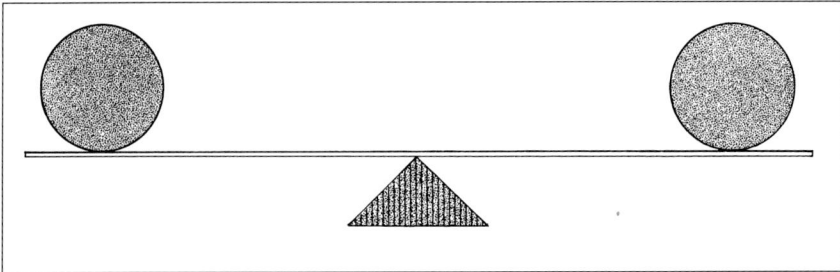

In der asymmetrischen Gestaltung ist der Waagepunkt gefühlsmäßig festzustellen. Je kleiner ein Teil ist, desto weiter muß es vom Waagepunkt entfernt sein.

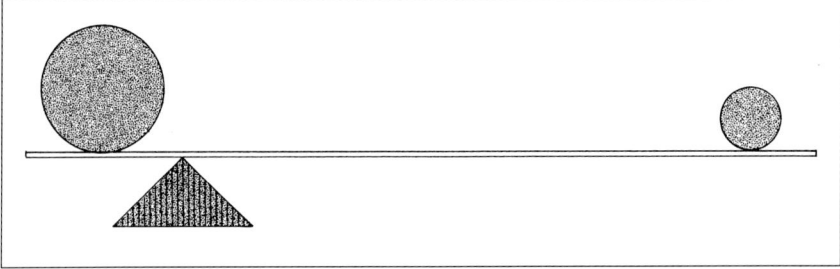

nis die Naturhaftigkeit, das Gewachsene, eben die Individualität alles Verarbeiteten in den Vordergrund stellen.

Unter »optischem Gewichtsausgleich« oder »optischem Gleichgewicht« versteht man das gefühlsmäßig empfundene, ausgewogene Verhältnis innerhalb einer Gestaltung. So sollten Farben und Formen stets harmonisch verteilt sein, um zusammengefügtes Einzelnes zu einer neuen Einheit zu fügen.

Bei der symmetrischen Ordnung bestehen auf beiden Seiten der Symmetrieachse gleiche optische Gewichtsverteilungen, bei der asymmetrischen Ordnung hingegen fallen diese ungleichlastig aus und müssen sich demnach optisch ausgleichen.

Spricht man von Gestaltungsprinzipien, so sind damit Grundsätze oder Regeln gemeint, nach denen mehrere Gestaltungselemente zu einer harmonischen Gestaltung vereint werden, oder nach denen eine formale Ordnung zu einer befriedigenden Ganzheit geführt werden können.

Die Gestaltungsart hingegen ist die Art und Weise des Zusammenfügens, des Arrangierens. Dabei unterscheidet man Reihungen, Flächengliederungen und Gruppierungen.

Die Reihung

Bei Reihungen erfolgt die Ausdehnung der Gestaltung nur in eine Richtung. Man unterscheidet unterschiedliche Reihungen:

Die stetige Reihe

Sie besteht aus einheitlichen Elementen, die in gleichen Abständen bei regelmäßiger Wiederholung in einer Richtung aneinander gefügt werden. Sie zeichnet sich durch eine einfache, klare, ruhige und spannungslose Wirkung aus. Beispiele dafür sind Girlanden oder Kränze, die aus

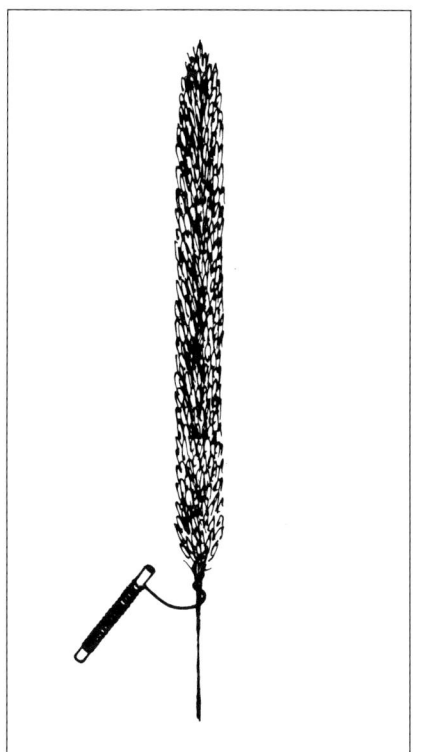

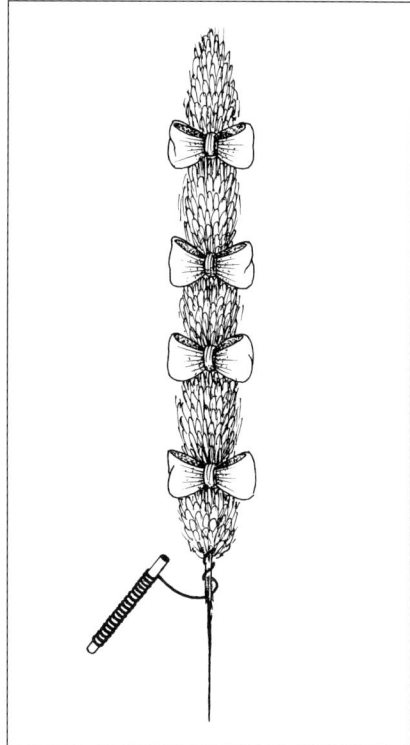

Links:
Girlande, gebunden aus einheitlichem Material, als Beispiel für eine stetige Reihe.

Rechts:
Gebundene Girlande mit Schleifen als Beispiel für eine rhythmische Reihe.

Formgirlande (Feston) als Beispiel für eine abgestufte Reihe.

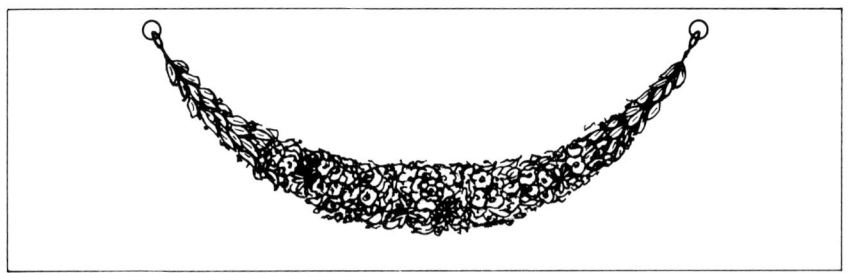

einheitlichem Material gearbeitet werden.

Die abgestufte Reihe
Sie besteht ebenfalls aus gleichartigen Elementen, die sich jedoch in ein oder zwei Eigenschaften stufenweise verändern, zum Beispiel in Größe oder Dichte. Beispiele hierfür sind gleichfalls Girlande und Kranz sowie Festons oder Staffelungen, deren abgestufte Formgebung ihre Erscheinung bestimmt.

Die rhythmische Reihe
Sie besteht aus einer Aufreihung unterschiedlicher Materialien, deren Abfolge sich mindestens dreimal wiederholt. Ihre Wirkung ist am lebendigsten und spannungsreichsten. Als Beispiele können wieder die Girlande und der Kranz genannt werden, die mit Blütentuffs oder anderen gliedernden Schwerpunkten versehen werden.

Flächengliederungen

Gegliederte Flächen begegnen uns häufig und recht vielfältig bei floristischen Gestaltungen. Viele Einzelteile werden dabei zu einer einheitlichen Gestaltung zusammengefügt, wie wir es bei Kränzen, Friesen, Strukturbildern, Collagen oder anderen flächig gearbeiteten Werkstücken erkennen können.

Die regelmäßige Streuung
Durch das Aneinanderfügen der Materialien werden Flächen geschaffen. Das Erscheinungsbild hängt davon ab, wie sich die einzelnen Flächenelemente aneinander fügen.

Bei gleichmäßiger Verteilung und Dichte der verarbeiteten Materialien, das heißt einer regelmäßigen Streuung, ist das Ergebnis eine einheitliche Oberfläche ohne Spannung und interessante Konzentrationen.

Links:
Regelmäßige Streuung mit einheitlich wirkender Oberfläche: gleichmäßige Dichte und Verteilung.

Rechts:
Flächengestaltung durch Reihungen.

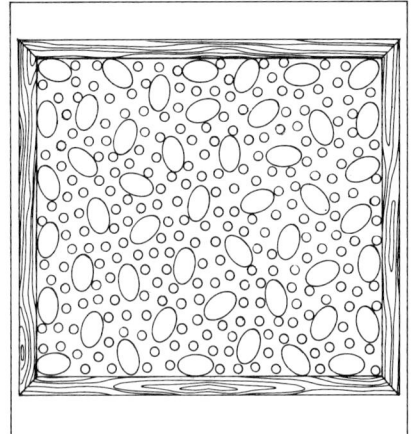
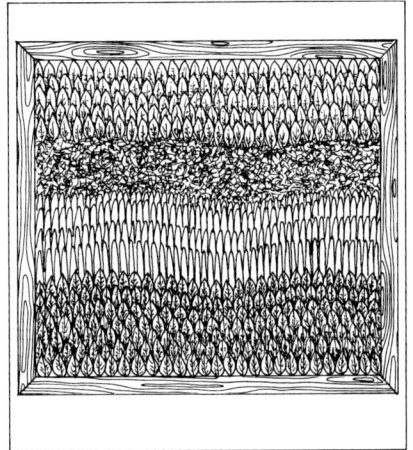

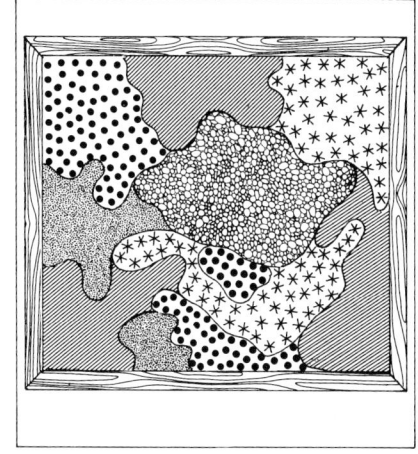

Flächengestaltung durch unterschiedliche Strukturflächen.

so zu einer flächigen Geschlossenheit führen. Flächenmuster können durch unterschiedlichste Reihungen entstehen, aber auch durch kontrastreiche Teilflächen.

Teilflächen, die zu einer geschlossenen Einheit gestaltet werden, bleiben durch ihre Eigenarten, wie unterschiedliche Oberflächenstrukturen, Färbungen oder Dimensionen klar erkennbar und heben sich durch diese voneinander ab. Die flächigen Formationen ergänzen sich mit den unterschiedlichen Streuungen zu wirksamen Erscheinungsbildern.

Die Streuung mit Verdichtung

Werden optische Schwerpunkte angestrebt, werden die Materialien mit Verdichtungen angeordnet. Das ordnende Prinzip ist hier die Streuung mit Verdichtung. Die geschaffenen Schwerpunkte haben Akzentwirkung und bringen Spannung in ihr Umfeld.

Flächen aus mehreren Teilflächen

Flächen entstehen auch durch Zusammenfügen einzelner Teilflächen: Strukturen – also belebte Oberflächen – oder Reihungen können in ihrer Ergänzung eben-

Gruppierungen

Eine Gruppe besteht stets aus mehreren Teilformen. Das Gruppieren ist demzufolge ein Zusammenführen einzelner Gruppenbestandteile. Diese werden in Beziehung zueinander gesetzt und bewirken ein harmonisches Ganzes.

Eine Gruppierung ist eine räumliche Gestaltung; dabei werden Beziehungen geschaffen zwischen den Teilformen untereinander, wie auch zur Grundfläche bzw. zur vorgegebenen Gestaltungsfläche. Aber auch zum Betrachter, der diese Gruppierungen optisch klar erfassen kann und diese als wirkungsvolle Einhei-

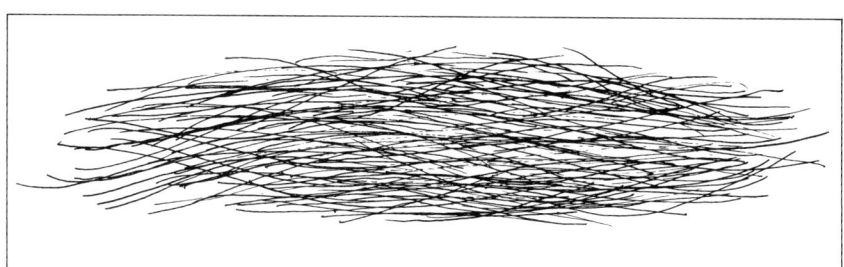

Übereinandergefügtes, geschichtetes Heu, geschichtete Halme.

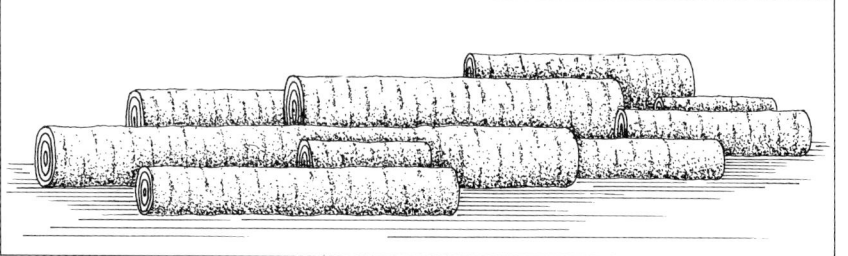

Geschichtete Hölzer.

Gelegtes, geschichtetes Getreide.

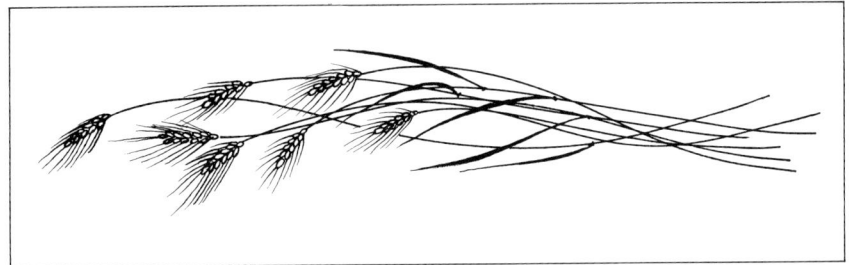

Geschichtete Lotosfruchtstände.

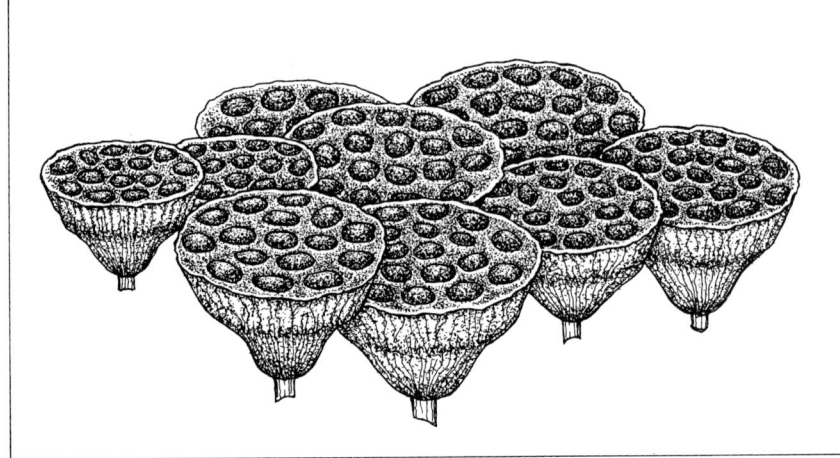

ten erkennt, wird eine Beziehung hergestellt.

Die geschlossene Gruppe
Gruppierungen unterscheiden sich durch die Dichte der Einzelteile; diese können dicht gehäuft und zusammengefügt den Eindruck einer sehr geschlossenen Gruppe vermitteln, die einen klaren Umriß erfassen läßt.

Die aufgelockerte Gruppe
Die Dichte kann aber auch wesentlich aufgelockerter sein. Die Gestaltungsteile drängen sich dann nicht gehäuft aneinander, sondern sind einzeln sichtbar, so daß wir von der aufgelockerten Gruppe sprechen, die keine geschlossene Form aufweist.

Gruppierung getrennter Teile
Als dritte Gruppierung kennen wir das Aneinanderfügen getrennter Teile zu einem Zusammenhang. Hier sind vor allem Wiederholungen in paralleler Anordnung beabsichtigt, wie Staffelungen, Stapelungen, Schichtungen und Bündelungen als Gestaltungsmöglichkeiten für wirksame Einheiten. Blätter, Halme, Stengelabschnitte, Holzscheibchen, Rindenstücke oder Pappstreifen sind denkbare Materialien, die als Gestaltungsmittel in dieser Verarbeitungsform Verwendung finden können.

Gerade bei Flächengestaltungen, wie wir sie bei Collagen, Materialbildern, Friesen oder Ornamentbögen kennen, ist eine solche Anwendung möglich.

Paralleles Anordnen

Bei der parallelen Formation werden die Gestaltungsmittel vertikal, horizontal oder diagonal angeordnet. So wie es bei Staffelungen, Stapelungen, Schichtungen oder Bündelungen praktiziert wird, so besteht diese Gestaltungsmöglichkeit auch

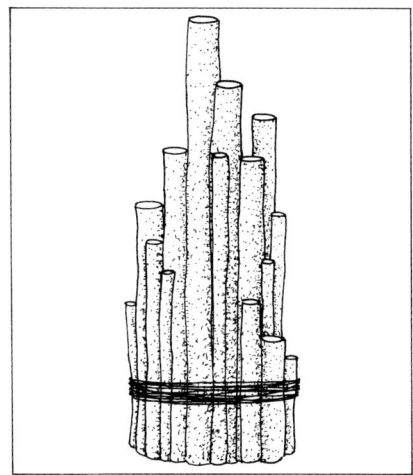

Links:
Bündelung von Stielabschnitten.

Rechts:
Bündelung von Getreidehalmen.

im Umgang mit Materialien, die nicht zuvor in eine Ordnung gebracht wurden.

Solange wir die Pflanzen in ihrer Erscheinungsform und in ihrem Wuchsverhalten respektieren, können wir sie nach unserer Gestaltungsabsicht formieren und gruppieren. Es ist möglich, sich beim Arrangieren von Bewegungen leiten zu lassen, so daß es zu rhythmischen Darstellungsweisen kommt, oder aber im Gegensatz dazu, eine straffe, starre Darstellung zu bewirken.

Dichte Gefüge können dabei entstehen, aber auch lockere Transparenz. Unserem Empfinden, unserer Sensibilität bleibt die Entscheidung überlassen. Wir konstruieren und gestalten, doch sollten wir nie vergessen, die Eigenheiten, Eigenwilligkeiten und Charaktere unserer Gestaltungsmittel zu berücksichtigen. Hierin vor allem unterscheidet sich die florale Gestaltung vom Umgang mit anderen Materialien.

Das Gruppengesetz der Beschränkung

Gruppierungen unterliegen nicht nur inneren Gesetzmäßigkeiten, die ihre innere Ordnung ausmachen, sondern sie sollten sich auch an äußeren Gesetzmäßigkeiten — den Gruppengesetzen — orientieren, um gestalterische Einheit zu schaffen.

Das Gesetz der Beschränkung ist eines davon. Da der Mensch höchstens drei bis vier Dinge auf einmal optisch wahrzunehmen vermag, um sich ein Bild von dem Gesehenen zu machen, sollte der Gestalter diese Gegebenheit berücksichtigen. Eine Arbeit, die mehr als drei bedeutungsvolle Motive aufweist, erschwert dem Betrachter das sofortige Erfassen und behindert den Eindruck einer gestalterischen Einheit: Das Überschaubare wird unübersichtlich, und die Wirksamkeit der Motive geht verloren.

Bei jeder Gruppierung stehen viele, oftmals auch gleichwertige Einzelteile in Beziehung zueinander. Zugunsten einer größeren Einheit, nämlich der Gruppe, wird die eigenständige Einzelstellung dieser Einzelteile aufgehoben.

Bereits bei zwei gleichen oder ungleichen Teilen läßt sich von einer Gruppenwirkung sprechen. Wenn sich das eine Teil über das andere erhebt, kommt es zu einer Über- und Unterordnung, zur Bil-

Stapelung von hohlen Stengelabschnitten.

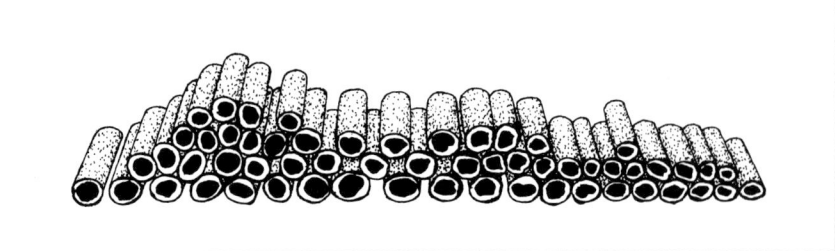

Stapelung von Schoten.

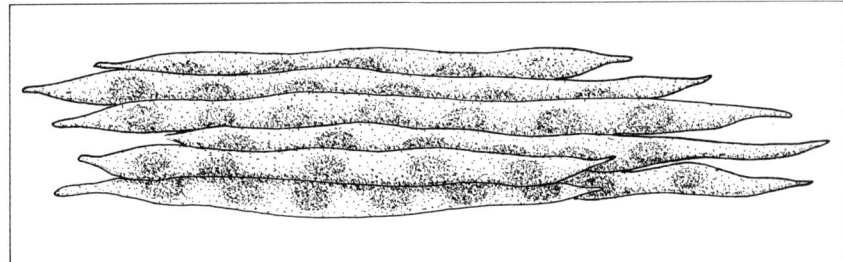

dung eines Haupt- und eines Nebenmotives und damit zu einer Ordnung.

Eine Gruppe aus nur zwei Motiven erscheint jedoch stets unvollkommen, unfertig. Ein Rechts und ein Links könnte der Eindruck sein oder auch ein Rivalisieren gleicher Teile wäre das Resultat. Deshalb bilden in aller Regel erst drei Dinge eine richtig vollständige Gruppe. Ein Gegenmotiv kann zur größeren Ausgewogenheit beitragen. Es vervollständigt die Gestaltung und führt zur klassischen harmonischen Dreiheit.

Also wird die einfachste vollkommene Gruppe durch drei unterschiedliche Teile gebildet. Diese können von Anfang an verschieden und ungleich sein oder aber bei Gleichheit verändert werden, so daß sie sich voneinander abheben und damit zur harmonischen Gruppenwirkung beitragen.

Wird Ausgewogenheit also erst durch eine Dreierformierung erreicht, so bedeutet dies jedoch nicht, daß eine Gestaltung nur aus drei markanten Positionen bestehen darf.

Farbliche und formelle Ordnungen führen ja gerade zur gestalterischen Einheit. Nicht drei Farben oder drei Formen machen diese aus, sondern die Vielfalt von Materialien, die sich an den farbbetonenden oder formgebenden Motiven orientieren. Diese Vielfalt gilt es in eine wirkungsvolle und wahrnehmbare Ordnung zu bringen.

Das Gesetz der Rangordnung

Dieses Gesetz beschreibt die Rangordnung der Hauptwirkungseinheiten innerhalb einer Gestaltung, also die Stellung der Gestaltungseinheiten zueinander.

Dabei übernimmt ein Motiv die Vorrangstellung, wird somit zum Hauptmotiv. Alle übrigen Motive ordnen sich unter, das heißt, sie geben ihre Dominanz zugunsten des Führungsmotives auf. Durch diese Rangordnung wird der Zusammenhalt der Gruppe unterstrichen und verleiht ihr zusätzlich Ausdrucksstärke.

Die Charaktere der Einzelteile werden wirkungsverstärkt wahrgenommen, da deren Mitteilung nun besonderer Ausstrahlung unterliegt. Aufgrund der unterschiedlichen Wertigkeiten jedes Gruppenteiles vermag der Betrachter die Gesamtgruppe als harmonisches Ganzes zu überschauen. Gerade durch die individuell unterschiedlichen Geltungsforderungen gelangt jedes Motiv nun zu einer wesensmäßigen Mitteilungskraft, seiner spezifischen Ausstrahlung. Lagernde, sammelnde, runde Formen erheben geringen Geltungsanspruch. Aufstrebende, ausstrahlende, sich aufgliedernde Materialien hingegen benötigen Freiräume.

Durch die Rangordnung wird ein Gruppenteil zum Hauptmotiv aufgewertet. Besondere Eigenschaften oder Merkmale können dazu führen:

1. Die Größe: Großes erhebt sich über Kleinem.
2. Die Farbe: Aktive, helle, leuchtende Farben überstrahlen passive, dunkle, matte; lebhafte Farbkombinationen dominieren über verhaltene.
3. Die Bewegungsform: filigran Verästeltes erhebt sich über dicht Gedrängtem, Hängendem; Aufrechtes beherrscht Geneigtes, Niedriges.
4. Plazierung innerhalb der Gestaltung: Bei der symmetrischen Anordnung befindet sich die ausdrucksstärkste Position in der Mitte, der sogenannten geometrischen Mitte; bei der asymmetrischen Gestaltung liegt diese Position im rechten Drittel der Breite und im Mittelfeld der Tiefe eines vorgegeben Gestaltungsraumes.

Gerade das Gesetz der Rangordnung fordert dem Gestalter ein Höchstmaß an Sensibilität im Umgang mit den Materialien ab. Wesen und Wert sowie Geltungsanspruch gilt es zu berücksichtigen und zu respektieren. Wir sollten dabei keine »Konstrukteure« und »Formgeber« sein, sondern größte Sorgfalt und Behutsamkeit walten lassen, damit es uns gelingt, die uns zur Verfügung stehenden Werkstoffe bewußt und würdig bei ihrer Verarbeitung einzusetzen.

Wechselwirkungen zwischen den Gestaltungsprinzipien

Beim Anfertigen eines floristischen Werkstückes beschäftigen uns zuallererst drei Grundüberlegungen: Welches Material wählen wir aus, wie werden wir dieses anordnen und wofür ist die Gestaltung gedacht.

Die Kriterien, nach denen eine fertige Arbeit beurteilt wird, müssen bei der Gestaltung bereits bedacht werden. Andererseits sollen alle gestalterischen Überlegungen, die vorab angestellt werden, im fertigen Werkstück auch erklärbar sein.

Sicherlich tragen auch das handwerkliche Können und die Technik zum Gelingen einer Arbeit bei. Wenn jedoch dem Anlaß entsprechend ausgewählte Materialien falsch angeordnet werden, büßen sie nicht nur ihren Ausdruck, ihren Charakter ein, sondern die ganze Gestaltung wird unbefriedigend ausfallen. Umgekehrt kann bei unpassender Materialauswahl eine noch so gekonnte Anordnung nicht zur gewünschten Wirkung verhelfen.

So ist es also zunächst äußerst wichtig, nach welchen Gesichtspunkten die Materialauswahl getroffen wird. Alle Gestaltungsmittel besitzen Eigenschaften, die miteinander harmonieren müssen. Sie weisen Formen, Farben und Bewegungen auf und zeichnen sich durch verschiedene Oberflächenstrukturen aus. Ihr Wesen und ihr Wert sind naturbedingt unterschiedlich und verlangen daher eine differenzierte Betrachtungsweise und ihnen gemäße Gestaltungsart und Ordnung.

Zu entscheiden ist über Rangordnungen, das Herausstellen von Kontrasten oder Gleichheiten, was für die Harmoniebildung von großer Wichtigkeit ist, sowie über materialgerechte und zweckgerechte Verarbeitung.

Auch ein gutes Proportionsempfinden wird verlangt, denn alle Gestaltungselemente wirken einander zugeordnet und stehen außerdem in Verbindung mit einem Gestaltungsträger, sei dies nun eine begrenzte Fläche, ein Rahmen oder ein Behälter.

Jedes Gestaltungsteil steht in optischer Verbindung zu allen anderen, so daß die Gruppenwirksamkeit wiederum zum Tragen kommt, die letztlich ein harmonisches Gefüge ausmacht.

Gleich ob symmetrisch oder asymmetrisch, eine gute Gestaltung muß stets Ausgewogenheit der Gestaltungsmittel zeigen, gekennzeichnet durch ihre Beschränkung und eine erkennbare Rangordnung.

Farbe — Form — Bewegung

Anhand dieser drei Substantive läßt sich jedes Gestaltungsmittel charakterisieren. Genauso hat jedes Wort auch seine ureigenste Bedeutung, eine Aussagekraft, unter der wir uns etwas vorstellen können.

Beim Gestalten suchen wir nach bestimmten Farben, Formen, Bewegungen; wir greifen auf vorhandene Werkstoffe zurück — natürliche und nicht natürliche, organische und auch nicht organische, gewachsene und hergestellte. Wir schaffen etwas nach unseren persönlichen Eindrücken, Wünschen, Bedürfnissen und Fähigkeiten.

Der Anspruch auf Geltung eines jeden Ausdrucksmittels, dessen wir uns bedienen, hat Vorrang vor jeder »Vergemeinschaftung« zu dekorativen Zwecken. Wir sollten uns als Interpreten des Natürlichen verstehen, als diejenigen, die es vermögen, die gegebenen Werkstoffe in ihrer Eigenheit zu belassen und zu unterstreichen. Bei Nichtbeachtung der gegebenen Eigenschaften und Besonderheiten erfahren diese sonst eine Minderung ihres Wertes. Daher ist es unerläßlich, bei jedem Zueinanderordnen Farben, Formen und Bewegungen zu erkennen, zu sehen und zu akzeptieren. Ein Hervorheben des Materials ist nur dann möglich, wenn zuvor wesensmäßige Eigenarten erkannt sind.

Stoffliche Eigenarten — Strukturen — Texturen

Materialien sind meistens die Ausgangspunkte für eine Gestaltung. Eingehendes und intensives Betrachten führt die Eigenheiten eines jeden Materials vor Augen und interpretiert sich aus sich selbst heraus. Wir können uns freuen an der Vielfalt und Besonderheit der verschiedenen Werkstoffe.

Der Charakter eines Gestaltungsmittels drückt sich nicht nur durch seine Form und Farbe aus, sondern auch durch seine stoffliche Erscheinung. Stofflichkeit und Oberflächenbeschaffenheit machen die Oberflächenwirkung aus; diese wird auch als Struktur bezeichnet. Im englischen Sprachraum bedient man sich des Begriffes »Textur«, was so viel heißt wie Gewebe, Verbindung.

Der innere Aufbau eines Materials steht in unmittelbarem Zusammenhang mit seiner Oberfläche und seiner äußeren Erscheinung. Der stoffliche Ausdruck hat viele Erscheinungsformen: rustikal, flauschig, seidig, porzellanartig oder metallisch sind nur einige.

Kontraste der Stofflichkeit steigern die Wirkung der einzelnen Gestaltungsmittel. Strukturunterschiede heben sich wirksam optisch voneinander ab, Strukturgleichheiten verbinden unterschiedliche Teile zur harmonischen Einheit.

Strukturanhäufungen setzen Schwerpunkte und können die Gestaltung bestimmen. Flächige Stukturarbeiten (siehe Seite 30, 39, 56, 66, 68) besitzen einen ganz besonderen Reiz, da sie das Wesensmäßige ihrer Gestaltungsmittel dem Betrachter offenlegen.

Farbe als Gestaltungsmittel

Schon bei einer flüchtigen Bildbetrachtung fällt auf, daß es die Farben sind, die als erstes wahrgenommen werden. Die Form, das Gegenständliche, das Thema oder Motiv werden erst zweitrangig erfaßt. Farben berühren unsere Gefühle sehr stark. Sie sind nicht verstandesgemäß zu begreifen – sie sind mehr als physikalische Gegebenheiten. Jeder fühlt sich von Farben angesprochen, jeder bevorzugt seine Lieblingsfarbe, geht es darum, sich zu kleiden oder seine häusliche Umgebung zu gestalten. Auch in der Floristik haben Farben große Bedeutung. Neben der Form ist die Farbe das wichtigste Gestaltungsmittel. Um auch mit diesem richtig umgehen zu können, kommt man nicht umhin, sich ein wenig mit der Farbenlehre zu befassen. Da Gestalten stets bewußtes Tun voraussetzt und nichts dem Zufälligen, Willkürlichen überläßt, ist einiges Wissen über Farbe, deren Gestaltungs- und Aussagekraft unerläßlich.

An dieser Stelle kann jedoch nur ein Extrakt aus der umfangreichen Farbenlehre dargeboten werden. Eine weiterführende Lektüre auf diesem interessanten Gebiet ist zum besseren Verständnis allerdings lohnend und empfehlenswert.

Grund- und Mischfarben

Alle Farbigkeit basiert auf den drei Grundfarben Gelb, Rot und Blau. Diese werden auch Primärfarben genannt und lassen sich in einer Farbordnung, dem Farbkreis, anschaulich einordnen. Alle weiteren Farben des Farbkreises ergeben sich aus der anteiligen Mischung von zwei Grundfarben. Es sind die reinen Mischfarben oder Sekundärfarben.

Die Mischungen der Primärfarben ergeben folgende Sekundärfarben:

Gelb + Rot = Orange
Rot + Blau = Violett
Blau + Gelb = Grün

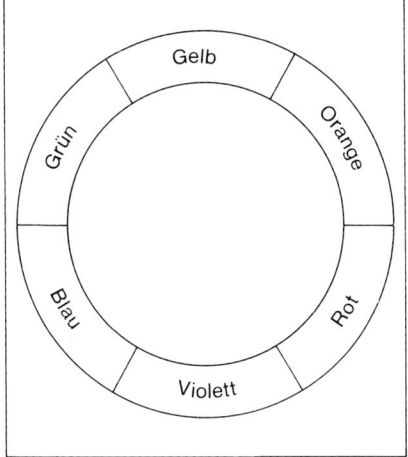

Der sechsteilige Farbkreis.

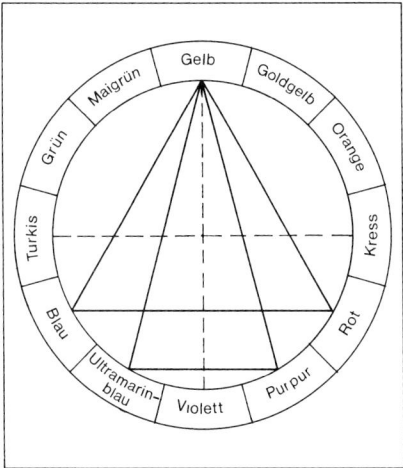

Der zwölfteilige Farbkreis mit gleichseitigem Dreieck, das die Harmonie der größten Kontraste und die Grundfarben anzeigt, und einem gleichschenkligen Dreieck, das einen ruhigen Dreiklang anzeigt.

Diese Farben werden in der Farbenlehre als sechsteiliger Farbkreis dargestellt, auch als der »natürliche Farbkreis« bekannt. In gleicher Farbabfolge ist auch der Regenbogen zu sehen, der hierzu ein natürliches Beispiel darstellt.

Erweitert man den sechsteiligen Farbkreis um jeweils zwei weitere Mischfarben zwischen den Grundfarben, so erhält man den natürlichen zwölfteiligen Farbkreis. Auch diese Mischfarben enthalten wieder Farbanteile beider benachbarter Grundfarben, jedoch in unterschiedlicher Konzentration.

Beim Umgang mit Pflanzenfarben hat man meistens mit Mischfarben zu tun, da die reinen Farben nur vereinzelt vorkommen. Diese benachbarten, also verwandten Farbtöne harmonieren besonders gut miteinander, da jeder von ihnen gewisse Anteile der gleichen Grundfarbe enthält.

Farben, die sich im Farbkreis gegenüberliegen, heißen Gegenfarben oder Komplementärfarben. Diese Farben sind nicht miteinander verwandt, sondern ergänzen sich durch ihren Gegensatz und harmonieren deshalb besonders gut. Der zwölfteilige Farbkreis läßt sich beliebig erweitern, wobei immer mehr Zwischen- oder Mischfarben entstehen, die ebenfalls genauso differenzierte Gegenfarben besitzen.

Das Wissen um die farblichen Zusammenhänge erleichtert den Umgang mit Farben und ermöglicht jedem Gestalter, diese bewußt einzusetzen.

Neutrale Farben, Schwarz und Weiß

Neben den bunten Farben, wie wir sie im Farbkreis vorfinden, gibt es auch die sogenannten unbunten oder neutralen Farben. Zu ihnen gehören alle Töne, die zwischen Weiß und Schwarz liegen, also alle Graustufen; man spricht auch von der »Grauleiter«. Schwarz und Weiß sind keine Farben, sondern Helligkeitswerte.

Mit Schwarz können alle Farben abgedunkelt werden. Sie erscheinen dann trübe und gedämpft und wirken als dunkle Farben besonders schwer. Weiß vermag alle Farben aufzuhellen; das Ergebnis sind Pastellfarben. Stark aufgehellte Farben wirken am leichtesten.

Farben haben Eigenschaften

Im Farbkreis wird unterschieden zwischen:
— warmen und kalten Farben
— aktiven und passiven Farben
— hellen und dunklen Farben

Warme Farben liegen im Farbkreis zwischen Gelb und Rot; sie sind aktive Farben. Kalte Farben liegen im Farbkreis diesen genau gegenüber, zwischen Blau und Grün; sie sind passive Farben.

Gelb ist die hellste Farbe, Violett ist die dunkelste Farbe. Rot ist die aktivste Farbe, Grün ist die passivste Farbe. Orange ist die wärmste Farbe, Blau ist die kälteste Farbe. Mischfarben dieser reinen Farben übernehmen diese Eigenschaften und teilen sich auf gleiche Weise dem Betrachter mit.

Die meisten Grüntöne besitzen eine ausgleichende, beruhigende, dämpfende Wirkung, sie haben etwas Sanftes, Weiches. Neben den weichen Farbtönen gibt es auch harte. Die Härte eines Farbtones kann in ihrem Ausdruck gemildert werden durch Beimischungen neutraler Farben.

Farbharmonien

Harmonie kleiner Kontraste

Zur Harmonie der kleinen Kontraste gehört die Harmonie des Gleichklanges, die auch häufig als Ton-in-Ton-Zusammenstellung bezeichnet wird. Hierbei handelt es sich um einen Farbton des Farbkreises, der entweder mit Weiß aufgehellt oder mit Schwarz abgedunkelt wird. Dieser Farbton erscheint dann in unterschiedlichen Helligkeitswerten: entweder hell oder dunkel, rein oder trüb, leuchtend oder matt.

Auch die Harmonie der Nachbarfarben besitzt wenig Kontrastreiches: Eine Farbe erfährt eine Veränderung in nur einer Farbrichtung. So wäre es bei Rot über Kress, Orange und Goldgelb hin zu Gelb oder Rot über Purpur, Violett, Ultramarin hin zu Blau.

Die Harmoniewirkung bei kleinen Kontrasten ist eher verhalten und ruhig, also nicht bunt; die Farbklänge sind besonders weich.

Harmonie der großen Kontraste

Hier herrschen starke Spannungen zwischen den Farben, die Farbklänge sind besonders laut und stark. Farben, die sich im Farbkreis genau gegenüberliegen (komplementäre Farben), bilden diesen Kontrast (Komplementärkontrast). Spannungsreiche Farbkombinationen sind: Kress — Türkis, Rot — Grün, Orange — Blau, Gelb — Violett, um nur einige zu nennen. Man spricht hier auch von harmonischen Zweiklängen.

Der harmonische Dreiklang soll hier nicht unerwähnt bleiben, da auch seine Farbharmonie eine bedeutende Stellung beim Gestalten mit Farben einnimmt. Ein solcher Dreiklang wird durch Zuhilfenahme eines gleichseitigen oder gleichschenkligen Dreiecks verdeutlicht. Mit diesen Dreiecksfiguren lassen sich innerhalb des Farbkreises viele Kontrastmöglichkeiten aufzeigen.

Die lauteste und kräftigste Harmonie bilden dabei die drei Grundfarben: Gelb, Rot und Blau, ermittelt durch das gleichseitige Dreieck. Beruhigter und sanfter wirken die Kontrastfarben, die mittels des gleichschenkligen Dreiecks in Beziehung zueinander gebracht werden, zum Beispiel die Farben Purpur, Ultramarin und Gelb.

Farben benötigen Licht

Farbwirkungen beruhen auf optischer Relativität und können daher durch Lichteinwirkungen bestimmte Veränderungen erfahren. Es ist vor allem zwischen natürlichem Tageslicht und Kunstlicht zu unterscheiden.

Das Tageslicht läßt jede Farbe natürlich und in ihrer Wirkung ursprünglich erscheinen. Kunstlicht kann entweder weiches Gelblicht oder hartes Blaulicht sein, beide beeinflussen die Farben. Eine Glühlampe gibt weiches Gelblicht und unterstreicht die leuchtende Wirkung warmer Farben. Kalte Farben, wie Blau oder Türkis, erscheinen hingegen verunreinigt und fahl.

Das Gegenteil zeigt sich bei Kaltlicht-Leuchtstoffröhren: Kalte Farben erscheinen so gut wie unverändert; warme Farben wie alle Rot- und Gelbtöne verlieren ihre Leuchtkraft und erscheinen blaß und eher schmutzig.

Diese Erkenntnisse sollte man bei der Standortwahl für ein gefertigtes Werkstück berücksichtigen. Das gilt insbesondere dann, wenn das Werkstück direkt vom künstlichen Licht erfaßt wird. Fertigt man ein Wandobjekt für einen vorbestimmten Platz, so sollte eine Umgebungsbeleuchtung bereits vorab bei der Farbwahl angemessen berücksichtigt werden.

Werkstoffe und Materialien

Es gibt unzählige Gestaltungsmittel und -hilfen, mit denen wir hantieren und Zwiesprache halten. Wollte man sie in Listen erfassen, dürften sie wohl ins Unendliche gehen. Nach wie vielen Kriterien könnten sie geordnet, eingeordnet, beschrieben und unterschieden werden? Eine grobe Gliederung muß dennoch möglich sein, auch wenn es mannigfache Oberbegriffe für die uns zur Verfügung stehenden Werkstoffe und Materialien gibt. Handelt es sich um Natürliches oder Nicht-Natürliches, um Organisches oder Anorganisches, Vegetatives oder Nicht-Vegetatives, Getrocknetes oder Künstliches, Präpariertes oder Naturbelassenes, Gefärbtes oder Naturfarbenes ...

Will man gestalten, so ist es erforderlich, umfangreiche Kenntnisse über die Gestaltungsmittel zu besitzen, deren charakteristische Eigenarten, die Möglichkeiten ihrer Zusammenstellung je nach Größe, Form und Farbe, um letztlich zu einem harmonischen, einheitlichen Ganzen zu gelangen.

So ergibt sich beim Verarbeiten floraler Materialien die Möglichkeit, diese entweder in unveränderter Ganzheit einzusetzen oder sich nur mit einzelnen Teilen zu begnügen. Beispielsweise können ganze Pflanzen, aber auch Stengelabschnitte, einzelne Blätter, Samenstände, Fruchtformen oder Rindenstücke Verwendung finden. Wir setzen alle diese Werkstoffe in ein neues Umfeld, kombinieren, gruppieren, ordnen neu und verändern scheinbar willkürlich.

Das mag geschehen, um arttypische Markmale herauszustellen. Die Darstellung eines Stückes nachempfunder Natur und des dazugehörigen Milieus, eben des natürlichen Lebensraumes, kann höchstens zu einer Idealisierung führen, wenn es nicht nur auf der Ebene der reinen Naturnachahmung bleiben soll. Durch die Transformation in eine neue Umgebung, einen neuen Zusammenhang, wird uns auch eine neue Betrachtungsweise abverlangt.

Stellen wir uns ein Stück borkiger Rinde vor. Rinde umgibt den Baumstamm und schützt diesen vor äußeren Einwirkungen. Dieses Stück wird nun in eine völlig neue Umgebung gebracht (siehe Seite 74), als Gestaltungsmittel genutzt und plaziert. Welche Aufmerksamkeit zieht dieser Werkstoff nun auf sich? Durch unsere bewußte Verarbeitungsweise bekommt es einen völlig anderen Stellenwert, erhebt einen gänzlich neuen Geltungsanspruch. Hier erhält das Rindenstück eine Bedeutung als formales Gestaltungsmittel. Es ist nicht mehr Bestandteil einer ursprünglichen Gesamtheit Baumrinde als funktionierender Organismus mit schützender Aufgabe.

So geschieht es mit vielen Materialien, die wir uns um der Gestaltung willen zu eigen machen. Doch erfahren diese dadurch eine Sichtbarmachung ihrer Besonderheiten, ihrer Schönheit und ihrer Einzigartigkeit.

Getrocknete Vegetation

Alles Getrocknete war einst frisch.

Getrocknete Pflanzenteile büßen ihre Frische und ihre Farbe ein; ihre Oberfläche ist starr, spröde und ohne Leben. Dennoch besitzen die vegetativen Gestaltungsmittel Schönheit, und auch ein gewisser Charme ist ihnen eigen. Schon die Vorsicht, die bei ihrer Verarbeitung nötig ist, macht ihre zerbrechliche Kostbarkeit deutlich.

Gerade für Wandobjekte und Wandgestaltungen sind getrocknete, vegetative Werkstoffe von herausragender Bedeutung, da es sich bei diesen Arbeiten in aller Regel um dauerhafte Objekte handelt. Die Verwendung frischer Pflanzenteile ist deshalb für dieses Thema gänzlich ausgeschlossen.

Neben der Verwendung von getrockneten Materialien, die im Handel erhältlich sind, ist der Einsatz von selbst Präpariertem für den Gestalter besonders reizvoll. Im folgenden werden einige Trockenmethoden kurz skizziert, die sich auch für den floristischen Laien einfach nutzen lassen.

Die sicherlich einfachste Art, frische Pflanzenteile dauerhaft zu erhalten, besteht darin, sie einfach eintrocknen zu lassen. Dabei werden diese in der Regel einfach kopfüber gebündelt an einem trockenen, luftigen Ort aufgehängt.

Der Zeitpunkt des Schneidens ist wichtig für die Haltbarkeit. Zu knospig oder zu verblüht sollte das Erntegut nicht sein. Bei zu weit geöffneten Blüten verblaßt die Farbe sehr rasch. Um ein Ausbleichen der Blüten- und Pflanzenfarben zu verhindern, sollten die geschnittenen Materialien nicht der direkten Sonne ausgesetzt werden.

Nicht alles muß zum Trocknen aufgehängt werden

Locker in ein Gefäß eingestellt, trocknet vieles besser. Auf diese Weise bleibt der natürliche Pflanzenwuchs schöner erhalten, zum Beispiel bei Gräsern, Rispen oder filigran gewachsenen Mohnblüten (siehe Seite 2, 71, 74).

Auch in Steckschwämmen oder Gittersteinen behalten viele Pflanzen ihre gute Form. Aufgespannte Tücher, Drahtbahnen oder Zeitungspapier bieten Trockenfläche für alles zu Legende.

Sollen kleinere Pflanzenmengen rasch getrocknet werden, erweist sich der Backofen bei 50 °C als idealer Helfer. Diese Methode empfiehlt sich nicht gerade für Energiesparer, ebenso verhält es sich bei Nutzung der Mikrowelle, die sich zum Beispiel zum Trocknen von größeren Blüten, wie Anthurienblüten, eignet.

Eine weitere altbewährte Methode zur Konservierung ist die des Pressens. Blumenpressen sind im Handel erhältlich, lassen sich aber auch mit wenig Aufwand selbst herstellen. Es bewährt sich auch die altbekannte Methode, Blüten zwischen schweren Büchern zu pressen. Wichtig beim Pressen der Pflanzenteile ist es, sie zwischen Blätter von Löschpapier oder anderes saugfähiges Papier zu legen; das Löschpapier saugt die austretenden Zellsäfte auf.

Zu pressende Blumen trocknen nach gut fünf Tagen, wobei es ratsam ist, das Löschpapier in der Blumenpresse oder zwischen den dicken Büchern zwischendurch zu wechseln und dabei die Blüten umzulegen. Hierdurch verhindert man zum einen ein Faulen der Blüten und zum anderen das Festkleben am Löschpapier.

Das Trocknen in Sand, Waschpulver oder Silikagel dauert etwa zwei Tage. Silikagel, auch Kieselsäure-Gel genannt, ist in Apotheken oder Drogerien erhältlich und eine ziemlich kostspielige Anschaffung. Die Pflanzenteile werden bei diesem Verfahren in das Trockenmedium eingebettet und vorsichtig überstreut. Nach dem Trokkenverfahren muß gerade Silikagel wieder im Backofen aufbereitet, also getrocknet werden und ist dann wieder zur erneuten Verwendung bereit.

Nachdem die Pflanzenteile den Trocknungsprozeß überstanden haben, ist es wichtig, daß sie nicht in feuchter Umgebung gelagert oder aufbewahrt werden. Sie nehmen gerne die sie umgebende Luftfeuchtigkeit auf und werden wieder weicher; ebenso können sie schimmeln. Das gilt auch für den Ort, an dem die fertigen Objekte angebracht werden. Deshalb eignen sich Wandobjekte aus empfindlichen, getrockneten Blüten nicht gut für Räume mit hoher Luftfeuchtigkeit wie Küchen und Bäder.

Methoden zum Haltbarmachen

Im 19. Jahrhundert bemühte man sich mit Lacken und komplizierten Klebemas... die Stabilisierung künstlicher Blät... getrockneter Pflanzenteile.

...tage bietet die Industrie eine ...e Palette technischer Hilfsmit... ...es bequem ermöglichen, emp... ...rockenmaterialien vor dem ...nd auch Vergilben zu schüt...

...gen hauchdünner, transpa... ...hichten eignen sich: Matt... ...rühkleber, Elefantenhaut ...ay. Bei der Verwendung ...ollte darauf geachtet werden, ...ß diese FCKW-frei sind und ohne Treibgas auskommen.

Ansonsten bietet sich der Griff zum Pinsel an, wenn es sich um Kleinflächiges handelt. Lacke und auch Gummiarabikum können auf diese Weise aufgetragen werden. Letzteres ist als Pulver in der Apotheke erhältlich und wird mit Wasser aufgelöst. Auch als Tauchflüssigkeit kann es verwendet werden. Mit seiner Hilfe bleiben die Blatt- und Blütenfarben besonders gut erhalten.

Als letzte Präpariermethode soll hier noch die Glyzerin-Methode genannt werden. Drei Teile Glyzerin werden mit einem Teil Wasser gemischt. Die frischen Pflanzenteile werden nach der Ernte in die Flüssigkeit gestellt und saugen diese auf, bis sie sich in alle Zellen verteilt hat.

Je nach Größe und Verholzung beträgt die Einwirkungszeit mindestens eine halbe Woche, in manchen Fällen auch bis zu drei Wochen. Buchsbaum und Eukalyptuslaub werden gerne auf diese Weise haltbar gemacht. Die Farbe und Geschmeidigkeit der Blätter bleibt für lange Zeit erhalten. Hinterher ist unbedingt auf trockene Aufbewahrung zu achten, da sonst Schimmel- und Stockbefall möglich sind.

Für weitere Verfahren zur Konservierung sei auf die weiterführende Literatur verwiesen.

Veredelung von Werkstoffen und Materialien

Die Ursprungsform und Ursprünglichkeit eines Materials sollte nicht zerstört oder verändert werden, es sei denn, die Wesensmäßigkeit wird dadurch deutlicher und spannungsreicher. Jede Beeinflussung des Aussehens ist ein Eingriff in die Natur des Materials und sollte als Fremdeinwirkung verstanden werden. Die Lebendigkeit des Materials darf keine Einbußen erfahren, deshalb ist sensibelstes Vorgehen gefordert. Es sind verschiedene Veredelungsmethoden für unterschiedliche Materialien bekannt.

Wenn unter Veredeln nicht ein gleichzeitiges Verfremden der Gestaltungsmaterialien verstanden wird, sondern diese hervorgehoben und betont werden, kann eine solche Behandlungsmethode akzeptiert werden.

Das Wachsen: Kerzenwachs wird durch Erwärmen flüssig gemacht; frische Pflanzenteile und Getrocknetes können zur Haltbarmachung und Veränderung hineingetaucht werden. Nach dem Abtropfen erkaltet das Wachs und umschließt den Werkstoff wie eine Haut. Auch Tücher, Bänder und Kordeln lassen sich durch ein Wachsbad in ihrer Oberfläche verändern. Hierzu eignen sich auch Kerzenreste, die zuvor von der Tauchschicht befreit wurden.

Überziehen mit Eiweiß: Ähnlich wie Wachs eignet sich Eiweiß zum Bepinseln, doch trocknet es nicht so rasch und ist vollkommen transparent; es verleiht starren Glanz.

Umwickeln mit feinen Drähten: Im Handel sind verschiedenfarbige Drähte in Garnstärke erhältlich. Diese werden gerne für Wicklungen verwendet. Umwickeln lassen sich mit Papier umkleidete Pappstückchen, Drähte, dünne Stäbe oder Kugeln.

Umwickeln mit interessant gewirkten Wollfäden: Gleiche Anwendung wie mit Drähten.

Bepinseln mit Make-up: In seiner Konsistenz dicker als Farbe und außerdem ge-

schmeidiger und transparenter, eignet sich dieses Präparat dazu, kleine Akzente aufzutragen oder Oberflächenstrukturen zu betonen und hervorzuheben.
Besprühen oder Bepinseln mit Deko-Farbe: Aufgetragene Farben sollten stets nur unterstreichen, doch niemals als dikker Farbüberzug erscheinen.
Tee oder Tabak: Als Naturfärbemittel eignen sich Tee und Tabak zum Einfärben weißer oder heller Materialien, die eine Alterspatina erhalten sollen.
Tauchfarben: Mit ihnen lassen sich bequem Oberflächenveränderungen herstellen.
Sprühkleber: Zur Fixierung von Glimmer, dünnen Drähten oder Schnüren, Federn, Fasern oder kleinen Perlen ist dieser Klebstoff bestens geeignet; gleichzeitig wird Rieseln oder leichtes Abstoßen verhindert.

Fixier- und Stabilisierungshilfen

Zur Befestigung unterschiedlichster Gestaltungsmittel gibt es verschiedene Methoden und Möglichkeiten, die hier stichwortartig aufgeführt werden sollen:
Heißkleber: in der Klebepistole erhitzter, verflüssigter Klebstoff, der in Sekunden feste Klebekontakte ermöglicht.
Leim, Kleister, farblose Lasuren, Fixierungen: zum Fixieren und Einarbeiten dünnflächiger Materialien (Stoffe, Papier, Blätter, Schnüre, Sägespäne, Sand).
Gips/Moltofill: als Modelliermasse für einzulegende Materialien (siehe Seite 58) oder freie Formationen; zum Färben oder als farbige Beimischung kann man neben handelsüblichen Farben auch auf »Hausmittel« zurückgreifen: Kakao, Kaffee, Mohn, Gewürzpulver.
Ton: wird steinhart, doch zu schwere Materialien können ihn durch ihr Gewicht sprengen.
Knetmasse, Fixiermasse: wenig belastbar, nur für das Anbringen von Akzenten zu gebrauchen.
Synthetische Steckmasse: erhältlich in Ziegel- oder Plattenform für frische oder trockene Materialien.
Aufschäummasse: als Befestigungsträger und auch als Modelliermasse gebräuchlich.
Drähte: Steckdrähte, Wickeldrähte (auch durch Lacke veredelt oder farbig als Messing-, Kupfer-, Silber- oder Golddraht erhältlich).
Maschendraht: in verschiedenen Ausführungen, zur zusätzlichen Verstärkung von synthetischer Steckmasse, damit diese nicht ausbricht, oder als Basis für Gestaltungselemente.
Nägel, Schrauben, Reißstifte, Stifte aus Metall: auch bei der kombinierten Befestigungsmethode unentbehrlich. Steckmasse wird dabei zur besseren Festigkeit mittels Heißkleber auf Nagelstifte aufgeklebt.

Technische Hilfsmittel, Werkzeuge

Nicht alle hier aufgezählten Werkzeuge sind zwingend nötig, aber je nach verarbeitetem Material mehr oder weniger hilfreich. Die meisten Dinge sind im Haushalt oder in einer kleinen Hobbywerkstatt ohnehin vorhanden.
Scheren: Papier-, Draht-, Blech- und Rosenschere.
Zangen: Kombi-, Flach- und Kneifzange, Seitenschneider.
Messer: Floristenmesser, Messer mit langer Schneide aus dem Haushalt (Brotmesser) zum Zerkleinern von Steckmasseziegeln sowie zum Glätten von aufzutragenden und zu verteilenden Massen (Gips, Kleister).
Spachtel: zum Verteilen und Glätten von Gips, Leim oder Kleister.
Tacker: zum Befestigen von Stoffen und Folien auf Holzunterlagen.
Sägen: für Holz und Metall.
Schraubstock: zum Einklemmen von Brettern oder Latten, die zersägt oder behandelt werden sollen.
Elektrische Hilfsgeräte: Stichsäge, Bohrmaschine, Heißklebepistole.

Tragende Gestaltungsmittel — Gestaltungsträger

Tragendes ist auch Dienendes — aber es kann auch Gestaltungsmittel sein. Und zwar dann, wenn es als tragendes Objekt sichtbar bleibt, gleichzeitig neben dieser Funktion aktives Bindeglied zu den kombinierten Gestaltungselementen ist. Dies kann beispielsweise bei einer besonders ausdrucksstarken Wurzel geschehen; wenige getrocknete Blätter auf ihr angebracht, ergeben ein komplettes Stimmungsbild. Die Wurzel ist Gestaltungsträger und Gestaltungsmittel zugleich.

Auch Holzflächen oder Bretter, die sich durch eine besondere Maserung auszeichnen, sollten nicht gänzlich verdeckt werden. Auch in der Beschränkung liegt eine gewisse Meisterschaft. Zurückhaltung und Respekt gegenüber den ausgewählten Werkstoffen führen automatisch zu Distanz und Würdigung. Das genaue Betrachten führt zum richtigen Umgang und Einsatz der Gestaltungsmittel.

Zum Anfertigen von Wandschmuck bedienen wir uns unterschiedlicher Gestaltungsträger, die nicht nur als zu verdeckende Unterlage benutzt werden, sondern durchaus mit in die Gestaltung eingehen können. Grob unterschieden wird zwischen konstruierten und gewachsenen, organischen und nichtorganischen Hilfsmitteln.

Diese können sein:
— Bretter, Latten, Stäbe aus Holz, Metall oder Kunststoff, Bambusstäbe, starke Binsen; lange, nicht zu breitflächige, schmale Blätter von Agaven oder Palmen;
— Holzkästen, Holzrahmen mit und ohne Rückwand, Bilderrahmen aus verschiedenen Materialien, Setzkästen und andere in Fächer unterteilte Kästen;
— Spiegelflächen, Glasscheiben, Keramikplatten;
— überzogene, bespannte Bretter oder sonstige Flächen;
— Bespannungen aus Papier, Stoff, Folien, Draht;
— Textilbahnen;
— Korkplatten, Korbdeckel oder -teller; Flechtmatten aus Gezweig, Weidenruten, Gräsern, Getreide, Binsen;
— Wurzeln, ausdrucksstarke Stengelabschnitte, Äste;
— Körbe und Füllhörner aus unterschiedlichen Geflechten;
— Kranzkörper aus Stroh, Heu, Ginster, Olivenzweigen, Weidenruten, Moos, Farnlaub, Blättern, Trockensteckmasse, Styropor.

Florale Setzkastenfüllung

7 waagerecht, 2 senkrecht: die schönste Rose aus dem Sommeranfangsstrauß von 1991, oder 6 waagerecht, 5 senkrecht: alle Maiglöckchen von meinem Geburtstagstisch.

Ein Kasten voller Erinnerungen

Fach für Fach ist gefüllt mit blumigen Erinnerungen und pflanzlichen Schönheiten. Einzelne Ritterspornblüten, winzige Samenstände, Kapseln, Schoten, Moosfasern, sogar kleine getrocknete Pilze lugen aus den hölzernen Einteilungsfächern dieses ausgedienten Setzkastens einer Setzerei.

Vielfarbigkeit und unterschiedlichste Stofflichkeiten erfreuen das Auge des Betrachters. Fast alle verarbeiteten Materialien habe ich selbst getrocknet: einst lagen sie, vorsichtig nebeneinandergefügt, in einem großen flachen Korb in meinem Arbeitszimmer. Alle Blumen haben mich irgendwann in unserer Wohnung erfreut und waren während des Verblühens zu schade, um einfach auf dem Kompost zu enden.

Die Stiele etwas eingekürzt, fügte ich Dahlien neben bereits getrocknete Rosen und Ritterspornblüten in meinen »Trockenkorb«. Über das Jahr hinweg füllte sich dieser mit den unterschiedlichsten Blüten und präsentierte sich als hübscher Schmuck auf einer Kommode.

Als der gefüllte Korb keinerlei zusätzliche Blumen mehr aufzunehmen vermochte, entschloß ich mich, ihn zu leeren, ohne mich jedoch von den Schönheiten trennen zu wollen. Der seit langem im Keller liegende Setzkasten kam mir da gerade recht. Er bietet mit seiner unterschiedlichen Einteilung die ideale Präsentationsfläche für so viel Verschiedenes. Wie in kleinen Schaukästen kehren Blüten wie Samenstände, Zapfen wie Schoten, einzelne Blütenblätter wie Flechtenteilchen ihre Wesenheit zur Bewunderung hervor. Die Holzleisten, die zur Untergliederung des Kastens beitragen, setzen klare Abgrenzungen. Durch diese ist das Auge nun in der Lage, jedes Material einzeln zu erfassen, aber auch das Gesamte zu erkennen: ein harmonisches Gefüge.

Farbliche Abstufungen und Kontraste sind klar erkennbar; unterschiedliche Oberflächenstrukturen wurden spannungsreich und interessant gegeneinander abgewogen. Ein optisches Gleichgewicht wird durch diese Faktoren erreicht, ebenso die überlegte Aneinanderreihung unterschiedlichster Werkstoffe.

Optische Schwerpunkte werden durch dominante Einzelformen und auch durch stärker Farbiges in den einzelnen Kasteneinteilungen erzielt. Mit Hilfe der Klebepistole lassen sich alle Materialien mühelos fixieren; die dünnstieligen Maiglöckchen und Mohnköpfe habe ich allerdings in eine dünne Schicht Trockensteckmasse gesteckt. Die Steckmasse wird zuvor in das vorgesehene Fach eingepaßt und ebenfalls eingeklebt. Die dicht aneinander gefügten Blütenrispen der Maiglöckchen geben sich gegenseitig Halt, ebenso die kleinen Mohnköpfe.

Gestaltungsträger: Alter, hölzerner Setzkasten, Abmessung: 65 × 60 cm.
Gestaltungsmaterialien: Vielfältige, trockene pflanzliche Materialien wie Rosen, Dahlien, Maiglöckchen, Rittersporn, Hortensien, Strohblumen, Jungfer im Grü-

Ein Kasten voller Erinnerungen

Unterschiedlich und spannungsreich zugleich präsentieren sich Formen, Farben und Oberflächenstrukturen der dicht aneinandergereihten Floralien.

nen, Skabiosen, Silbertaler, Disteln, Hopfen, Mohnköpfe, Lotosfruchtstände, holzige Schoten, Borkenstücke, Flechtenteile, Pilze, Zapfen.
Gestaltungsart: Parallel (Anordnung in Reihungen).
Farbigkeit: Hell-Dunkel-Kontraste; bunte und unbunte Farben mit unterschiedlichen Helligkeitswerten; wenig klare Farben, vorherrschend Mischfarben.

Farbliche und stoffliche Ausstrahlung — Stimmung: Verhalten, aber dennoch in dezenter Farbenfreude, rustikal mit eleganten Akzenten.

Kränze

So wie die getrockneten Blumen für die Setzkastenfüllung meinem Trokkenkorb entstammten, so verhält es sich auch mit diesem gesteckten Wandkranz. Aufbewahrte Schönheiten des vorangegangenen Jahres können in unterschiedlichsten Gestaltungsmöglichkeiten zur Geltung gebracht werden.

Alle meine Blumen für diesen Kranz

Im lockeren Miteinander strahlen Rosen, Maiglöckchen, Dahlien, Skabiosen, Silbertaler, Pfingstrosen und unterschiedliches Blattwerk verschwenderische Blumenfülle von einst aus. Der Charme ist diesem zerbrechlichen Blütenzauber nicht verlorengegangen — lediglich der Duft. Die gedämpfte, fast morbide Farbigkeit mindert in keiner Weise die Kostbarkeit der verarbeiteten Materialien. Die filigranen Blütenteile lassen kaum erkennen, wie spröde sie sind, da die vorsichtige und sorgfältige Verarbeitung keinerlei Spuren hinterlassen hat.

Mit ihren vorhandenen Stielen wurden alle Pflanzenteile behutsam in eine Kranzunterlage aus synthetischer Steckmasse gesteckt. Hier wurde eine Technik ohne Draht und Klebstoff gewählt, die diesem zarten Werkstoff eine optimale Erscheinung mit größtmöglichem Volumen garantiert. Denkbar wäre es auch, die Materialien auf einen Reifen aufzubinden, der aus Draht oder einer Rute geformt wird. Dabei würden jedoch besonders die getrockneten Maiglöckchen ihre Duftigkeit einbüßen, alle Blumen ihres »gestellten« Freiraumes beraubt und eher wie gelegt erscheinen.

Das Stecken in einen Trockenschaumkranz ermöglicht eine optimale Darstellung aller Einzelformen. Es ist auch leichter, eine gute Proportion zu erhalten, da mühelos Korrekturen durch Einfügen oder Wegnehmen möglich sind. Auch eine gute Farbverteilung ist einfacher zu erreichen; Farbschwerpunkte können nachträglich zur Betonung herausgearbeitet werden, farbliche und formale Akzente lassen sich bewußter plazieren.

Das trockene Pflanzenmaterial verliert seine Brüchigkeit und Spröde, wenn es vor der Verarbeitung mit Wasser besprüht wird. Wasser hinterläßt keinerlei Flecken und entfernt gleichzeitig so manche dünne Staubschicht, die sich beim Trocknen möglicherweise bereits niedergeschlagen hat.

Äußerst behutsame Verarbeitung beanspruchen diese getrockneten Kostbarkeiten: Maiglöckchen und Rosen, begleitet von Silberlingen, Dahlien und Skabiosen.

Zum Versiegeln der empfindlichen Werkstoffe kann ein Hauch Elefantenhaut, Klarlack oder Haarspray aufgebracht werden, was allem Trockenen wieder eine gewisse Frische und den morbiden Farben etwas mehr Leuchtkraft verleiht.

Gestaltungsträger: Kranzunterlage aus Trockensteckmasse; Durchmesser 60 cm.
Gestaltungsmaterialien: Getrocknete Blätter und Blüten, wie Rosen, Maiglöckchen, Dahlien, Pfingstrosen, Scabiosen, Ranunkeln, Silbertaler.
Gestaltungsart: Dekoraktiv (üppig regelmäßige Streuungen).
Farbigkeit: Hell-Dunkel-Kontraste, bunte und unbunte Farben mit unterschiedlichen Helligkeitswerten; wenig klare Farben, vorherrschend Mischfarben.

Ein Kranz vermittelt Gebirgsstimmung

Wer schon einmal eine Bergtour oder Wanderung über Berge und durch Täler gemacht hat, weiß von den Schönheiten solcher Regionen zu berichten. Sowohl das Frühjahr mit seinen unzähligen Wiesenblumen als auch der Spätherbst mit seiner Vegetation bestechen mit ihrem Reiz.

Nicht nur Enziane, Wildorchideen, Klee-Arten und Silberdisteln säumen die Wege und lassen erahnen, wie mannigfaltig sich die Flora in diesen Breiten behauptet, auch Steinformationen, Wurzeln von knorrigen Fichten, abgestorbenes, heruntergefallenes Geäst und Zapfen ziehen unsere Blicke an.

So manches interessant gewachsene Stück Holz oder der eine oder andere schön gemaserte Stein wird als Andenken heimgebracht und aufbewahrt. So ist es auch mit den in diesem Kranz verarbeiteten Holzstücken gewesen.

Beim Wandern mit offenen Augen begegnet man vielem, was durch seine Eigenheit unsere Aufmerksamkeit erregt und unsere Neugier weckt. In die Hand genommen und näher betrachtet, werden die Dinge mit ihren Eigenheiten erkennbar, zeigt sich Besonderes, was uns sonst verborgen bliebe. Das Berühren und Fühlen verstärkt unsere Erfahrung mit den Materialien. Auch eine Beschreibung wäre ohne nähere Auseinandersetzung unmöglich.

Erdenbraun und vom Zerfall bereits gekennzeichnet, besitzen diese ausgewählten Holzstücke dennoch viel lebhafte Eigenheit, die zu dem eigentlich toten, abgestorbenen Material in Konkurrenz steht.

Daß ich mein gefundenes Holz aus den Bergen ausgerechnet in eine Kranzform fügen mußte, ergab sich eher zufällig als gewollt. Bei der Suche nach Materialien, die ich in Gesellschaft zu dem Holz bringen könnte, fiel mir ein Beutel mit selbstgesuchten Zapfen der Schwarzkiefer aus unserem Stadtpark in die Hände. Hölzern und den gleichen Braunton aufweisend, gefielen mir diese weit geöffneten einfachen Zapfen, die dem Holz nichts von seiner Eigenwirkung nehmen konnten. Holz, Zapfen und Silberdisteln erscheinen mir als ideale Gestaltungsmittel, stammen doch alle aus einem Milieu.

Ich erinnerte mich eines Kartons, in dem ich prächtige Silberdisteln aufbewahrte, die ein herbstliches Mitbringsel von Freunden waren. Von ihnen im eigenen Garten selbst kultiviert, waren sie mir mit Stolz überreicht worden, und ich wußte, daß ich sie irgendwann einmal würdig verarbeiten mußte.

In der freien Natur zu Recht strengstens geschützt, gehören Silberdisteln zu den vom Aussterben bedrohten pflanzlichen Raritäten.

An trüben, feuchten Tagen geschlossen, präsentieren sie sich hingegen an warmen, hellen Tagen wie strahlende Sonnen. Die runden, dekorativen Blütenformen verlangen nach einer Verarbeitungsweise, die ihren Geltungsansprüchen in höchstem Maße entgegenkommt. Die runde Form eines Kranzes unterstreicht die Blütenform und läßt sie am deutlichsten hervortreten.

Die Überlegung, wie man nun wirkungsstarke Holzstücke in eine Kranz-

Ein Kranz vermittelt Gebirgsstimmung

Wie kleine spätsommerliche Sonnen erstrahlen die kultivierten Silberdisteln zwischen rustikalen Holzformen und gespreizten Kiefernzapfen.

form einarbeiten könnte, führte zur Auseinandersetzung mit den Materialien und ihren Eigenheiten. Das Körperhafte, Plastische der Werkstoffe muß zum Ausdruck kommen und darf nicht zugunsten einer Gestaltungsart Einbuße erleiden.

Eine sogenannte Öko-Kranzunterlage sollte sich als idealer Gestaltungsträger erweisen: Kranzunterlagen mit synthetischer Steckmasse haben mittlerweile meist alle eine haltende Unterform, die aus einem braunen Papiergemisch hergestellt wird. Auch die Steckmasse hat heutzutage eine salzsäurefreie Zusammensetzung und ist biologisch abbaubar.

Ohne große Mühe läßt sich aus der Unterform die aufgeleimte Steckmasse entfernen und eine an den Seiten hochgezogene, braune Ringform bleibt zurück. Diese ist für diese Gestaltungsabsicht als gewünschter Gestaltungsträger wie geschaffen.

Mit Heißkleber lassen sich die ausgetrockneten Holzteile, Zapfen und Silberdisteln fixieren. Plastisch heben sich die Werkstoffe von ihrer Unterlage ab und eine in sich geschlossene und nie endende sowie kreisende Gestaltung zeigt sich als harmonisches Gefüge.

Naturhaft und lebendig präsentiert sich ein Milieu, das durch seine Formgebung auch gar nichts an Ausstrahlung einbüßt. Durch die kreisende Betrachtungsweise kommt allen Materialien eine ganz besondere Aufmerksamkeit zu.

Gestaltungsträger: Kranzunterlage, deren Trockensteckmasse entfernt wurde und als Ring zurückbleibt; Durchmesser 60 cm.

Gestaltungsmaterialien: auf Wanderungen in den Bergen gesammeltes Holz, Schwarzkiefernzapfen, kultivierte Silberdisteln.
Gestaltungsart: vegetativ (Gruppierungen und Anordnungen nach Prinzipien der Asymmetrie).
Farbigkeit: Hell-Dunkel-Kontraste; Mischfarben verschiedener Helligkeitswerte; erdbetonte Farben.
Farbliche und stoffliche Ausstrahlung – Stimmung: rustikal, hölzern, spröde; warme Erdfarben mit deutlichen Akzenten; interessante Oberflächenkontraste bei gleicher Farbigkeit (Blüten der Silberdisteln); naturhaft, naturverbunden, zurückhaltend, besinnlich stimmend.

Edle Unnatürlichkeit – auch ein solcher Kranz besitzt Charme

Der Natur nachempfundene Knospen, Blüten, Blätter und Fruchtformen aus textilem Gewebe und aus Kunststoffen erweitern heutzutage die Angebotspalette der zur Verarbeitung angebotenen Gestaltungsmittel. Der Industrie ist es mittlerweile gelungen, Nachbildungen zu produzieren, die farblich und in ihrer Erscheinung durchaus akzeptabel sind und sich nicht als bloßer Kitsch abtun lassen.

Die Liebhaber solchen allgemein als »Seidenblumen« bezeichneten Blumenschmucks wissen, was sie kaufen und womit sie sich umgeben, und stellen nicht den Anspruch auf Naturersatz. Textilblumen sollen solche sein und werden auch als solche gewertet. Als dauerhafter Raumschmuck mit dekorativem Charakter setzt er Akzente innerhalb des Wohnbereiches.

Farblich dezent und unaufdringlich im Erscheinungsbild, haben Seidenblumen einen zunehmenden Käuferkreis gefunden. Einrichtungsgeschäfte haben diesen Trend der »edlen Unnatürlichkeit« erkannt und bieten neben allen üblichen Wohnaccessoires längst diese floral schmückenden Varianten an.

Auch Blumenfachgeschäfte bieten in speziellen Ladenbereichen textiles Pflanzenmaterial an. Passend zu Möbelstoffen, Tapeten, Vorhängen oder Teppichen lassen sich diese auswählen und kombinieren. Die Zeiten sind vorbei, wo künstliche Blumen nur den echten nachempfundene Farben aufweisen. Modefarben, sogenannte Trendfarben, sind für jede Rosen- oder Tulpenform denkbar.

Jahreszeitlich aufeinander abgestimmte Materialien, wie sie in der Natur vorkommen, finden in Arrangements aus künstlichen Materialien wenig Beachtung. In großen Blumenstilleben, der Breughel-Zeit ähnlich oder nachempfunden, geben sich unterschiedlichste Blumenarten und Früchte nebeneinander ein Stelldichein. Farbe und Form genügend, treten sie in ein harmonisches Ganzes und erfreuen den Betrachter mit ihrer Vollkommenheit.

Azaleenblüten, Rosen, Stiefmütterchen und kleinere Wildblüten an langen, drahtigen Stielen sowie bläulich bereifte Weintrauben und unterschiedlichste Blattformen fügen sich farblich und formal zu einer ausgewogenen Kranzform zusam-

Ein romantisches Stilleben in Kranzform: Nachbildungen von Blüten, Blättern, Früchten, durchwunden von dezent bedrucktem Papierband.

men. Blumig bedrucktes Papierband in unregelmäßigen Schlaufen durchzieht den Kranzkörper und vermittelt zwischen den einzelnen Blütenformen.

Der Umriß dieser Kranzform ist ziemlich kompakt und unterstreicht somit die gewählte Materialzusammenstellung, bestehend aus überwiegend runden, geschlossenen Blütenformen. Filigrane Blütenstiele überspannen den Kranzkörper und verleihen diesem ein wenig Verspieltheit und Lebendigkeit.

Auf einer Unterlage aus synthetischer Steckmasse ist dieser schmückende Kranz leicht zu fertigen; formgebende Korrekturen sind einfach auszuführen und Ergänzungen ohne Mühe einzufügen.

Gestaltungsträger: Kranzunterlage aus synthetischer Trockensteckmasse; Durchmesser 45 cm.
Gestaltungsmaterialien: Textilblüten, -knospen und -blätter, künstliche Fruchtformen, Papierband.
Gestaltungsart: dekorativ (unregelmäßige Streuungen und Verdichtungen mit grafischen Akzenten).
Farbigkeit: Pastellfarben; Mischfarben 1. und 2. Ordnung, unterschiedliche Helligkeitswerte.
Farbliche und stoffliche Ausstrahlung — Stimmung: dezent, elegant, edel, wertvoll.

Die vier Jahreszeiten — in einen Kranz gewunden

Angetriebenes Birkengrün als Frühlingssymbol, blühende getrocknete Rosen als Sommerboten, reife Getreideähren als Vertreter des Herbstes und wintergrüne Ilexblätter als Zeugen der kältesten Jahreszeit sind zu einem Jahresreigen zusammengefügt. Aufgebunden und teilweise auf einen Styroporkranzkörper geheftet, reihen sich die vier unterschiedlichen Gestaltungsmaterialien lückenlos aneinander.

Transparentem Gezweig folgen kräftig rosafarbene bis gelbliche Rosenknospen. Eigenes Rosenlaub umgibt die fast gleichgroßen Blütenköpfe und sorgt für die natürliche Aufgelockertheit. Ausgereifte Roggenähren greifen vorsichtig in den gelblichen Rosenbereich über und verdichten sich zu einer eigenen Einheit. Goldgelb gerandete Ilexblätter stehen für das letzte Quartal im Jahr.

An dieser Stelle läßt sich die Frage stellen, in welcher Jahreszeit dieser Kranz nun wirklich gebunden wurde. Die Antwort ist offensichtlich und ganz einfach: im Frühjahr. Beginnend mit der ersten Jahreszeit, findet frisch getriebenes Birkengrün Verwendung, das zu keiner anderen Jahreszeit in dieser Form verfügbar wäre.

Getriebenes Birkengrün eröffnet den Jahreszeitenreigen; Rosen und reifes Getreide erinnern an Sommer- und Herbsttage. Die harten wintergrünen Blätter der Stechpalme stehen für die kälteste Zeit im Jahr.

Sicher läßt sich angetriebenes Gezweig trocknen, doch büßen die frischen Grünspitzen sehr rasch ihre Farbe ein und werden braun. Doch auch als Reisig haben die Zweige ihren Reiz, bergen sie doch das Versprechen auf neues Grün und verkörpern so den Jahresreigen der Natur.

Getrocknete Rosen und Getreideähren sind lagerfähig und daher ganzjährig verfügbar. Auch wintergrüner *Ilex* ist von keiner Jahreszeit abhängig und unterliegt keinem abrupten Blattwechsel.

Bei der Suche nach einem winterlichen Repräsentanten in dieser Gestaltung muß gewährleistet sein, daß das ausgesuchte Material keine allzu raschen äußeren Veränderungen erleidet, handelt es sich doch um einen dauerhaften Wandschmuck. Ilexblätter trocknen wegen ihrer Hartlaubigkeit verhältnismäßig langsam ein und behalten lange Zeit ihre äußere Erscheinungsform sowie ihre natürliche Farbe.

Kontrastreiche Materialien finden in dieser Gestaltung Verwendung. Filigrane, transparente Verzweigungen der Birke werden gefolgt von kompakten, runden Blütenformen. Längliche, aufgegliederte Ähren, auslaufend in haarähnliche Grannen, gestalten das dritte Kranzviertel. Gezackt gerandete, spitz zulaufende Ilexblätter weisen einen überlegt eingesetzten Strukturunterschied auf.

Ledrig und glänzend zugleich, dabei mit harter Oberfläche ausgerüstet, vermitteln die eng aneinandergefügten Blätter mit ihrem Gelbgrün zwischen gelbem Getreide und grün sprießendem Gehölz. Filigranes und Aufgegliedertes erhalten ein kompaktes Bindeglied durch die zweifarbigen Blätter. Die Gelbrandung nimmt das Lineare der Ähren auf; das eingebettete Grün gibt sich verhalten und löst sich auf in den jungen Birkenknospen.

Viele gestalterische Überlegungen sind aufzuzeigen und nachvollziehbar. Jedes Gestalten setzt Überlegungen voraus — ebenso die Auseinandersetzung mit dem Material und dessen Ausdruckskraft.

Als schmückende Aufhängung wurde eine aufwendige Banddrapierung gewählt, die jedoch lediglich in der Kranzöffnung deutlich erscheint und den Kranzkörper in keiner Weise stört. Der verhaltene, dunkelviolettrote Farbton des Schleifenbandes ist unaufdringlich und ordnet sich beabsichtigt unter. Es wird als schmückendes Attribut wirksam, ohne die Ausstrahlung des Kranzes zu mindern, sondern vielmehr wird die verhaltene Ruhe eher gesteigert.

Gestaltungsträger: Kranzunterlage aus Styropor, die mit einem vliesartigen, grünen Band umwickelt wird, um ein Durchschimmern des harten Styroporfarbtones zu verhindern; Durchmesser 45 cm.
Gestaltungsmaterialien: angetriebenes, frisches Birkengrün, getrocknete Rosen und deren Blätter, Getreideähren, gelbgerandete frische Ilexblätter.
Gestaltungsart: dekorativ (rhythmische Anordnung der gruppierten Werkstoffe).
Farbigkeit: Hell-Dunkel-Kontraste, Mischfarben aus dem warmen Erdbereich.
Farbliche und stoffliche Ausstrahlung — Stimmung: zurückhaltend, schlicht und besinnlich, ruhig und natürlich.

Geflechte und Körbe

Floraler Reigen — bewegte Natürlichkeit

Vom Zentrum geht Bewegung aus. Ähnlich der Zentrifugalkraft bewegen sich kreisend angeordnete Pflanzenteile aus der Gestaltungsmitte heraus. In auflösender Bewegung, um letztlich wieder in der ursprünglichen Basis Kräfte zu verdichten, die als Gestaltungsschwerpunkt sichtbar gemacht sind, laufen die ausgewählten Werkstoffe wirkungsvoll in- und auseinander.

Dunkle Rot- und Violett-Töne sowie die geschlossenen Umrißformen der verarbeiteten Mohnköpfe bestimmen das Zentrum der von dort ausgehenden Bewegungen. Langgestielte eingetrocknete *Calla*-Blüten, diffuses Geschlängel von olivgrünem Seegras sowie mattrote Fuchsschwanzenden und blasse, naturfarbene Bastfasern erscheinen als unruhiger Reigen auf einem geflochtenen Weidenteller.

Dem »Drunter und Drüber« der geflochtenen Weidenruten des Tellers entsprechend, fügen sich die aufgeklebten Trockenmaterialien ineinander.

Als kompakte Schwerpunkte und optische »Bremser« erweisen sich die dunkelfarbigen Mohnköpfe, ebenso die rotgerandeten Disteln und die wie Schmetterlinge anmutenden einzelnen Hortensienblüten. Die kreisende Bewegung der aufgebrachten Materialien geht harmonisch einher mit der gewählten runden Korbunterlage.

Die verhaltene dunkle Farbigkeit von Rot und Violett steht in komplementärem Kontrast zu Olivgrün und seiner Aufhellung hin zu unterschiedlichen gedämpften Gelbtönen.

Gestaltungsträger: Geflochtener, gebleichter Weidenteller; Durchmesser 40 cm.
Gestaltungsmaterialien: roter Gartenfuchsschwanz, olivgrünes Seegras, rotgerandete Disteln, eingetrocknete, langstielige *Calla*-Blüten, gefärbte Mohnköpfe, einzelne Hortensienblüten, naturbelassene Bastfasern.
Gestaltungsart: vegetativ (Prinzipien der Asymmetrie mit Verdichtungsschwerpunkten).
Farbigkeit: Komplementärkontrast Rot-Violett zu Grünlich-Gelb; passive und aktive Farbgegenüberstellungen.
Farbliche und stoffliche Ausstrahlung — Stimmung: getragen bewegte Natürlichkeit; schwungvoll und aktiv.

Die Bewegungen und Anordnungen der Werkstoffe wiederholen den kreisenden Verlauf des Geflechtes.

Zwei Stoffrosen und zwei Federn

Hervorstechende Gestaltungselemente sind zwei kupfer-orangefarbene Stoffrosen und zwei gleichfarbige, große Federn, die im Zentrum der Korbplatte plaziert sind. Ein aufgeklebtes und zusätzlich mit Draht befestigtes Stück synthetischer Steckmasse ermöglicht nicht nur ein müheloses Befestigen aller übrigen Materialien, sondern verschafft der Gestaltung verschiedene Ebenen, also Höhen und Tiefen.

Eingefärbte dünne Bambusstäbe durchqueren das Zentrum und setzen mit ihrer grafischen Schlichtheit einen wirkungsvollen Kontrastakzent zu allem Körperhaften, Flächigen. Durch die Richtungsvorgabe der Stäbe erhält die Gestaltung eine Orientierung in zwei Richtungen. Aufgeklebte, getrocknete Galax-Blätter nehmen durch ihre Anordnung auf den Stäben dem Zentrum die Schwere und tragen zur optischen Ausgeglichenheit bei.

Gewachstes, zusammengeknautschtes, buntes Papierband durchzieht die Basis und schafft Freiräume zwischen der Flechtunterlage und den aufgearbeiteten Materialien. In einige Bandnischen sind matt bemehlte Kunstfrüchte eingearbeitet, die als zusammengesetzte Sammelpunkte die Gegengruppe zur Rosengruppe (Hauptgruppe) darstellen.

Interessant erscheint die unterschiedliche Materialwahl mit ihren kontrastreichen Oberflächenstrukturen und ihren Formkontrasten. Jedes Element möchte in seiner Aussagekraft und Erscheinungsform Berücksichtigung finden und seinem Wert entsprechend eingesetzt werden.

Gestaltungsträger: naturbelassener, geflochtener Weidenteller; Durchmesser 40 cm.

Gestaltungsmaterialien: zwei kupferfarbene Stoffrosen, zwei Federn, gewachstes, buntes Papierband, getrocknete Galax-Blätter, mattbemehlte Kunstfrüchte, gefärbte, dünne Bambusstäbe.

Gestaltungsart: dekorativ (Reihungen und Gruppierungen; Prinzipien asymmetrischer Anordnung).

Farbigkeit: die breite Farbpalette der Orange-Braun-Töne, überleitend in den Grünbereich.

Farbliche und stoffliche Ausstrahlung — Stimmung: rustikal mit einem Hauch von Eleganz; warme, stimmungsvolle Farbgebung.

Rustikale Eleganz zeichnet die Komposition in warmen Braun- und Kupfertönen aus.

Wie ein dunkelbraunes hölzernes Gespinst überzieht der transparente Korallfarn die eingefügten Werkstoffe und wiederholt so mit seinen Strukturen die der verflochtenen tragenden Matte.

Verflochten — verworren — durchwirkt

Es freut mich stets ganz besonders, wenn ich auf Materialien oder Gestaltungsträger zurückgreifen kann, die sich durch besondere Material- und Werkgerechtigkeit auszeichnen. Bei Verwendung dieser aus Rebranken geflochtenen Matte sind beide Beurteilungsmaßstäbe realisiert.

Materialgerechtigkeit ist gegeben, wenn die äußere Erscheinung dem Charakter des Materials entspricht; so hat ein jedes seine typischen Eigenschaften. Geflechte werden vor allem gearbeitet, um Körbe herzustellen. Aber auch Matten und Läufer aus verschiedensten Fasern entstehen in dieser Technik. Eine Matte, aus einst biegsamen Ruten hergestellt, verkörpert deren stoffliche Eigenheiten.

Von Werkgerechtigkeit wird gesprochen, wenn der Herstellungsprozeß in seiner Erscheinungsform nachvollziehbar ist. Die Flechtstruktur macht die stoffliche Eigenheit der Matte aus.

Das Verflechten der Ruten ist deutlich erkennbar und führt zu dem fertigen Ergebnis. Auch Wahrhaftigkeit zeichnet den Gestaltungsträger aus. Nichts anderes als bloßes Rebrankengeflecht möchte dieser sein und auch in dieser Form verarbeitet werden. Seine Struktur soll so genutzt werden, wie sie sich präsentiert.

Mit diesem Angebot an den Gestalter offenbart sich auch eine gewisse Zweckgerechtigkeit. Eine solche Gestaltungshilfe möchte ihrem Zweck entsprechen, ihre Funktion anbieten, sich gestalterisch unterordnen. Das bedeutet, daß das Geflecht in seiner gegebenen Erscheinung genutzt werden sollte, und so ist es hier geschehen.

Als Hintergrund für einen Wandschmuck erweist sich die unregelmäßige Struktur als idealer Helfer. Die Zwischenräume des Geflechtes nutzend, lassen sich Gestaltungsmaterialien einfügen, ohne weiterer technischer Fixierungshilfen zu bedürfen.

Selbst die schweren, geschlängelten Formen der Palmtriebe und die flachen »Elefantenohren« *(Xylia xylocarpa)* erfahren sicheren Halt durch Verklemmen ihrer Enden. Leichte, flache Schoten bewegen sich durch die Wirrungen, ebenso die kurzen, fruchttragenden Kokosschilde. Auch die kleinen Sonnenblumenfruchtstände sind am eigenen Stiel befestigt.

Die durchs Trocknen zusammengezogenen Schäfte der Schlauchpflanze und auch die dünnen Stiele der Anthurien lassen sich vorsichtig durch die hölzernen Triebe hindurchfädeln.

Als regelrechte Werkstoffpräsentation könnte diese parallele Anordnung verstanden werden, aber auch als eine Möglichkeit, unterschiedlichste Erscheinungsformen mit dieser einfachen Methode zu befestigen.

Eine gestalterische Überlegung kommt abschließend in sehr zurückhaltender Weise zum Tragen. Die transparenten Fächerungen des Skelett- oder Korallfarnes überziehen gespinstartig die gesamte Oberfläche. Mit der strukturellen Wiederholung der tragenden Unterform wird die hölzerne Verflechtung noch einmal hervorgehoben. Zwar ist der verwendete Werkstoff ein anderer, doch die wesensmäßige Erscheinungsform ist ähnlich.

Das Umsetzen struktureller Charakteristika in Gestaltungsüberlegungen verlangt eine wache Beobachtungsgabe mit Interpretationsvermögen. Es ist gut, wenn man sich solchen Anforderungen öffnet und versucht, einem solchen erhobenen Anspruch gerecht zu werden.

Gestaltungsträger: rustikale Flechtmatte aus Rebranken; Abmessung 100 × 100 cm.

Gestaltungsmaterialien: Palmtriebe, Palmschoten, Albizia-Schoten, Sonnenblumenfruchtstände, »Elefantenohren«, *(Xylia xylocarpa)*, getrocknete Anthurienblüten, Teile der Schlauchpflanze und Korallfarn.

Gestaltungsart: parallel (Bewegungen und Verdichtungen der Werkstoffe).

Farbigkeit: Harmonie der Nachbarfarben, Brauntöne mit Aufhellungen und Abdunkelungen, gelbliche Ockertöne, verblaßtes Orange.

Farbliche und stoffliche Ausstrahlung — Stimmung: rustikal, natürlich, exotisch, spannungsreich.

Ein Füllhorn und viele Silberlinge

Ein selbstgefertigter, rustikaler Holzrahmen mit einer einfachen dünnen Rückwand erhält einen matten Farbanstrich aus einem Grün-Braungemisch wasserlöslicher Abtönfarben.

Der Hintergrund für die Bildgestaltung besticht durch seine akribische Fleißarbeit. Einzelne, hauchdünne Plättchen der im Herbst herangereiften Silberlinge wurden sorgfältig neben- und untereinander aufgeklebt. Perlmuttartig schimmernd und mit der Stofflichkeit von dünnem Pergamentpapier, ist eine kostbare Flächenstruktur entstanden, die in starkem Kontrast zu dem matten, derben Holzrahmen erscheint.

Ein dekoratives Füllhorn, gefertigt aus braunen Weidenruten und getrockneten Farnblättchen — so wie es in Korbgeschäften erworben werden kann —, soll in seiner Funktion herausgestellt werden. Funktional an einem Nagel aufgehängt und mit zusätzlichen Drähten, die durch die Rückwand von hinten nach vorn geführt wurden und durch das Geflecht treten, ist das Füllhorn am Bilderrahmen befestigt.

Aufgelöstes Jutegewebe in der gleichen Farbigkeit wie die Silberlinge läuft als transparentes Gestaltungsmittel aus der Öffnung und umspielt das massiv erschei-

Der sorgfältig beklebte Hintergrund erfährt einen starken Kontrast durch das überquellende Füllhorn: die Begegnung lebhafter Unordnung und strenger Ordnung.

nende Füllhorn. Selbstgezogene Gartendisteln und deren Blätter, Silberlinge mit ihrer schützenden, matten Umhüllung und auch ohne diese sowie einige Federn machen die Füllung aus.

Wenige sattgrün gefärbte Blätter, aufgehängt an spiralig gewundenem Draht, baumeln unterhalb der Füllhornöffnung über den Bildrand hinaus — ein witziger Akzent, eine Spielerei mit Materialien, aber nicht unüberlegt. Die Blätter, wie von einem seidenen Faden gehalten, sollen die Fülle im Horn verdeutlichen. Ein Überquellen der Materialien hat ein Herausfallen zur Folge, genauso geschieht es mit diesen Blättern. Sie verdeutlichen diesen Zustand des Überfülltseins.

Flächige Blätter, wie auch die Silberlinge und ebenso die kompakten Distelköpfe, werden durchdrungen von dem zerteilten Jutegewebe. Die einzelnen Gewebefasern bieten einen schönen linearen Kontrast zu den geschlossenen Formen. Einst auch aus pflanzlichem Material hergestellt, harmoniert diese Stofflichkeit hervorragend mit den floralen Werkstoffen.

Gestaltungsträger: rustikaler Holzrahmen mit geschlossener Rückwand; Füllhorn, geflochten aus Weide und Farnblättern; Abmessung 70 × 45 cm.

Gestaltungsmaterialien: Silberlinge, Distelköpfe und -blätter, Jutefasern, Federn.

Gestaltungsart: dekorativ (Reihungen gestalten den Hintergrund. Verflechtungen und Streuungen machen die Gestaltung des Füllhornes aus).

Farbigkeit: Hell-Dunkel-Kontrast, Familie der Grün- und Gelbtöne, Ockerfarbtöne mit Abdunkelungen und Aufhellungen.

Farbliche und stoffliche Ausstrahlung — Stimmung: rustikal, mystisch, naturhaft, stimmungsvoll verhalten.

Noch immer haben die beim Trocknen eingedunkelten Rosen eine besondere Ausstrahlung, als umgäbe sie mystischer Zauber.

'Nicole' — unvergessene Rosenschönheit

Die Schnittrose mit den wohl größten Blüten, die je Züchter bei einer Rose hervorgebracht haben, trägt den Sortennamen 'Nicole'.

Samtig rote Blütenblätter mit einer satten, buttercremefarbenen Unterseite präsentieren sich fast in Faustgröße. Und wenn sich solch ein Blütenkopf zu öffnen beginnt, möchte man unentwegt dabeistehen, um dieses Schauspiel zu verfolgen. »Ereignis Rose«, so ließe sich diese Königin der Blumen umschreiben.

Natürlich wollte ich diese gewaltige Erscheinung aufbewahren; ich überließ sie sich selbst — kurzgeschnitten — in meinem Trockenkorb. Nun ist sie zwar stark verdunkelt, doch Charme besitzt sie noch immer, und ihre Anmut in aller Samtigkeit und Vornehmheit ist mir noch bestens in Erinnerung.

Ein eigenwillig geflochtener Korb mit eingearbeiteten Holzformen, hergestellt auf den Philippinen, reizte mich zum Kauf. Als ich ihn füllen wollte, kam ich ins Grübeln. In seiner Besonderheit sollte ihm auch etwas Besonderes zuteil werden.

Soeben hatte ich die lang herabhängenden, wie kleinste Perlen aneinandergereihten, hellgrünen Gartenfuchsschwänze geerntet, um sie zu trocknen. Dicht daneben auf dem Gartenland lagen die bereits eingetrockneten Stangenbohnenranken. Auch ihre spezifische Erscheinungsform ist nicht zu übersehen.

Als grafisch bewegtes Material schien es mir wie für meine Korbfüllung vorbehalten. Seine verworrene Linienführung ergänzt die vorgegebenen Formen des skurrilen Holzes geradezu ideal. Und zwischen Gartenfuchsschwanz *(Amaranthus caudatus)* und Bohnenstroh setze ich meine kostbaren, getrockneten 'Nicole'-Rosen. – Ein rustikales Stilleben von verblaßter Eleganz.

Gestaltungsträger: eigenwillig geflochtener, flacher Wandkorb; Breite 65 cm.
Gestaltungsmaterialien: Gartenfuchsschwanz, Bohnenstroh, 'Nicole'-Rosen und ein paar andere besonders schöne Rosen.
Gestaltungsart: vegetativ (grafische Verflechtungen und Gruppierungen).
Farbigkeit: Harmonie der Nachbarfarben, Hell-Dunkel-Kontrast, dunkle Brauntöne mit Aufhellungen; verschlafenes, dunkelstes Rot.
Farbliche und stoffliche Ausstrahlung – Stimmung: rustikal mit einer gewissen Eleganz und Noblesse, charmant, stimmungsvoll, verhalten, still, ruhig, besinnlich, unaufdringlich, wuchshaft, natürlich.

Früchte und Federn

Ein hinten abgeflachter Korb aus geschälten Weidenruten ist gefüllt mit dauerhaften Fruchtformen. An Äpfel verschiedenster Größe und wilde Beeren erinnernd, werden Nachbildungen im Handel angeboten, die wegen ihrer matten, stimmungsvollen Farbgebung sehr bestechend wirken. Wie gepudert erscheinen die aufgerauhten Oberflächen der aus Papiergemisch hergestellten Kunstfrüchte.

Ohne wirklich Äpfel oder bestimmte Beeren sein zu wollen, besitzen die Früchte dennoch eine gewisse Eigenheit, die herbstliche Stimmung vermittelt. Ihre trübe, gebrochene Farbgebung läßt sie unauffällig und dezent erscheinen. Nichts Grelles läßt sie als augenscheinlich Künstliches aufdringlich wirken.

Das verhaltene Arrangement dieser Fruchtformen in Zusammenhang mit grün-schwarzen, schmalen geschwungenen Federn und filigranem Korall-Farn sowie kleinen Tuffs aus geschmeidigem Islandmoos erhebt sich bescheiden und ruhig aus dem matten Flechtwerk des Korbes.

Synthetische Trockensteckmasse oder auch Moos bietet Halt für die zu verarbeitenden Kunstfrüchte, die alle einen kleinen Drahtstiel aufweisen. Um Steckmasse zu sparen, kann der Korb zunächst zu zwei Dritteln mit zusammengeknülltem Papier gefüllt werden, auf das dann der Steckschaum eingepaßt wird.

Gestaltungsträger: rustikaler Wandkorb aus geschälter Weide, Abmessung 25 × 15 cm.
Gestaltungsmaterialien: Fruchtnachbildungen, Islandmoos, Federn, Korallfarn.
Gestaltungsart: dekorativ (grafische Bewegungen und Gruppierungen).
Farbigkeit: bräunliches, gebrochenes Grün, matte Rot- und Ockertöne, blasses

Verhaltene Herbststimmung vermitteln die matt gefärbten Fruchtnachbildungen. Die dunklen Federn betonen mit ihren raumgreifenden Bewegungen die Geschlossenheit der Gestaltung.

Kleinblumiges und Kleinfruchtiges in dichtem Nebeneinander ergänzt sich zu einem harmonischen Gefüge.

Blaugrau, Schwarzgrün, Graubraun, Schiefer.
Farbliche und stoffliche Ausstrahlung — Stimmung: herbstlich, ruhig, zurückhaltend.

Gefüllte Herzen

Zwei kleine Herzen unterschiedlicher Größe aus gebleichtem Weidengeflecht sind mit allerlei Kleinst-Werkstoffen gefüllt.

Vielfach bleiben hier und da Reste von benötigten Materialien zurück. Alle diese bewahre ich in einem Karton auf, in dem ich schon so manches Mal wieder fündig geworden bin, wenn irgendwo eine Kleinigkeit fehlte.

Rasch ließen sich so diese Körbchen füllen; etwas Steckmasse wurde als technisches Hilfsmittel in die Körbe gefügt, so daß Kurzgedrahtetes und Material mit eigenem Stiel bequem fixiert werden konnten. Zu Materialeinheiten senkrecht nebeneinander verarbeitet, erscheinen die verschiedenen Trockenformen wie kleine Flecken, die eine interessante Oberfläche bilden.

Winzige Immortellen-Blüten erscheinen im kleinen Korb wie Sternchen neben den papierähnlichen, kugeligen Samenköpfen der Jungfer im Grünen. Ein kleiner Fetzen von auseinandergezogenem grobem Baumwollgewebe ist zwischen die Materialien gefügt und mit kurzen Strohblumennadeln befestigt. Das Gewebe verdeckt zum einen die Steckmasse und wiederholt zum anderen mit seiner Farbigkeit die Farbe der Immortellen und der Jungfer im Grünen. Die langen Gewebefäden vermögen außerdem die Struktur des Weidengeflechtes in die Korböffnung zu übertragen und dort fortzusetzen, jedoch mit gänzlich anderer Stofflichkeit.

Das größere Körbchen enthält Mohnköpfe, Silberlinge, gesammelte Einzelfrüchte einer großen Agave sowie ebenfalls Immortellen und auch das grobe Baumwollgewebe.

Helle Materialien sind dunklen zugeordnet; glatte, glänzende behaupten sich gegenüber matten, stumpfen, rauhen. Aufgegliedertes wurde Kompaktem, Geschlossenem zugesellt. Farb-, Form- und Strukturunterschiede sind selbst in dieser kleinen Gestaltung auszumachen. Ein großes Hauptmotiv tritt zusammen mit dem dazugehörenden kleinen Nebenmotiv als Gruppe auf und erweist sich als liebenswerte Gestaltungseinheit.

Gestaltungsträger: zwei unterschiedlich große Weidenkörbchen in Herzform; Breite 15 cm und 25 cm.

Gestaltungsmaterialien: Mohnköpfe, Samenstände von Jungfer im Grünen, Agaven-Samenstände, Silberlinge, Immortellen, Baumwollgewebe.

Gestaltungsart: parallel (Flächengestaltung durch unterschiedliche Strukturflächen).

Farbigkeit: unterschiedliche Brauntöne mit Aufhellungen, Ockertöne, helles Blaugrün.

Farbliche und stoffliche Ausstrahlung — Stimmung: verhalten, natürlich, unaufdringlich, bescheiden, verspielt.

Wachsrosen und Seide

Ein flacher chinesischer Korb aus Schilfgeflecht in kupfrigem Braun und wie bereift bläulich patiniert, ist ein hübsches Behältnis, das nach Füllung verlangt.

Den vorgegebenen Farbton aufgreifend, wähle ich die Gestaltungsmaterialien aus: Kupfer-Orange-Braun sollen dabei im Vordergrund stehen.

Mit einer wenige Zentimeter dicken Scheibe Trockensteckmasse kleide ich den Korb aus. Ein schmaler Streifen farblich passender Seide wird großzügig darin drapiert und mit Stecknadeln fixiert. So läßt sich die bräunliche Steckmasse einfach verdecken. In das Arrangement als Gestaltungsmittel eingehend, gibt dieses Gewebe eine gewisse Vornehmheit vor, der alle übrigen Materialien Genüge leisten sollten.

Edles und Rustikales, Wächsernes und Seidiges, Glattes und Rauhes — Kontraste finden, die Harmonie suchen.

Unter diesem Aspekt und mit dieser Vorgabe wähle ich vier gewachste Papierrosen gleichen Farbtones, ebenso einige gefärbte Mohnköpfe, unterschiedlich große Fruchtformen aus Pappmaché in einem metallisch patinierten Kupfer-Orange und die Zwischenräume füllende, natürlich braune, unbehandelte Hülsen heimischer Fruchtstände.

Um die vorherrschende Farbigkeit von Kupfer-Orange noch konkreter aufzugreifen und diese zu unterstreichen, greife ich in meine Weihnachtskiste und suche etwas »Flower-hair« aus dünnstem Kupferdrahtgespinst. Als purer metallischer Akzent werden zwei Bereiche innerhalb der Korbfüllung damit dezent überzogen. Zwei olivgrün-bräunliche Galax-Blätter treten als wirkungsvolle Einzelformen in Erscheinung und bilden einen farblichen Gegenpol zu der farbverwandten Umgebung aus Orange- und Kupfertönen.

Die geschlossenen, kompakten Blattoberflächen, vereint mit den benachbarten runden Mohnkapseln, erweisen sich als wirkungsvoller Kontrast zu den aufgegliederten Rosenblüten und künstlichen Fruchtformen, deren gleichwertige Helligkeit nach einem Gegenpart verlangt.

Der fließende Seidenstoff teilt die Korbfläche fast diagonal und in seiner optischen Gewichtung gleichwertig. Ausgewogenheit zwischen beiden Seiten ist festzustellen und zeichnet diese harmonische Ganzheit aus.

Gestaltungsträger: chinesischer Korb aus geflochtenem Schilf; Abmessung 30 × 30 cm.
Gestaltungsmaterialien: vier gewachste Papierrosen, zwei Galax-Blätter, gefärbte Mohnköpfe, Hülsen eines Fruchtstandes, Fruchtnachbildungen aus Pappmaché, dünnes Kupferhaar, Seide.
Gestaltungsart: parallel (Gruppierungen mit unterschiedlichen Verdichtungen).
Farbigkeit: Orange, Kupfer, Braun, Olivgrün; Harmonie der farbverwandten Nachbarfarben.
Farbliche und stoffliche Ausstrahlung — Stimmung: warm, edel, wertvoll, klar.

Umrahmte Gestaltungen — Materialbilder

Viel Gold und auch Türkis

Ein alter, einfacher, goldgestrichener Rahmen, goldbepinseltes Papierband mit türkisfarbener Schattierung, vergoldete, trockene Helikonienblätter mit einem Hauch von Türkis, Quasten aus Bast, eingefärbt in Gold und Türkis, eine Kokosmatte, naturbelassen und doch mit Türkisstaub durchdrungen, türkis eingefärbte Artischockenblütenböden und gewachste Papierrosen, überzogen mit einer türkisfarbenen Patina. Alles in allem: viel Gold und auch Türkis.

Gold als warmer Farbton mit edlem, verhaltenem und metallischem Glanz erfährt eine farbliche Herausforderung durch die kälteste Farbe des zwölfteiligen Farbkreises, nämlich Blaugrün oder Türkis.

Das Bild wird zum einen von der senkrechten Anordnung des Papierbandes beherrscht. Da das Band ziemlich starr und mit einer dünnen Drahtkante versehen ist, läßt es sich beliebig formen und an den Untergrund schmiegen.

Weil die Rückwand des Bildes aus einfacher, stärkerer Pappe besteht, die mit Hilfe eines Tackers am Rahmen befestigt ist, lassen sich das Papierband wie auch die aufgebrachte Kokosmatte ebenfalls mittels kleiner Tackernadeln fixieren. Alle übrigen Gestaltungsmittel sind mit Heißkleber befestigt.

Eine starke waagerechte Linienführung ist durch die Position der bewegten, aktiven Helikonienblätter wahrzunehmen. Wie umgreifend, einen Raum schaffend, zentrieren sie die runden, sammelnden Formen der Artischockenblütenböden, der dekorativen Rosenblüten und der herabhängenden Quasten.

Man kann hier sogar eine Doppelumrahmung feststellen: den äußeren, rechteckigen Rahmen, der die Gestaltungsfläche vorgibt, und die wie zum Oval angeordneten Helikonienblätter. Sie stellen mit ihrer natürlichen Wuchsform einen formalen Kontrast zur geometrischen Rahmung dar.

Das ganze Bild lebt von seinen Kontrasten. Die natürliche Kokosmatte mit ihrer verwobenen, pflanzlichen Struktur tritt mit ihrer Oberflächenbeschaffenheit an gegen die geschlossene, gewellte Erscheinung des Papierbandes. Beide Flächen sind rauh, die eine durch ihre Goldfärbung glänzend, die andere rustikal und stumpf.

Die Helikonienblätter treten als Mittler beider Gestaltungsmaterialien auf: von pflanzlicher Beschaffenheit wie die Kokosmatte, jedoch mit einem farbigen Anstrich versehen, wie ihn auch das Papierband aufweist. Fast glatt sind die Oberflächen dieser Blätter und wiederholen somit im Bildinneren die umrahmende Erscheinung der Bilderleisten.

Die feinfaserigen Artischockenblütenmitten wie auch die aufgesplißten Bastfasern der Quasten und das gekreuzt verlaufende Gewebe der Kokosmatte sind der beabsichtigte Ausgleich zu allem Flächigen, Geschlossenen dieser Gestaltung.

Gestaltungsträger: Bilderrahmen mit Papprückwand, Abmessung 60 × 45 cm.
Gestaltungsmaterialien: Papierband, getrocknete Helikonienblätter, Kokosmatte, gewachste Papierrosen, eingefärbte Artischockenblütenmitten, Quasten aus Bast.
Gestaltungsart: dekorativ (Verflechtungen von Reihungen und Gruppierungen).

Viel Gold und auch Türkis

Nostalgische Kostbarkeit und patinierter Glanz — beides beherrscht die Szenerie der türkisgoldgefärbten Gestaltungselemente.

Farbigkeit: Gold-Türkis als Warm-Kalt-Kontrast.
Farbliche und stoffliche Ausstrahlung — Stimmung: verhalten, edel, festlich, vornehm, elegant.

Verfremdung

Das Augenmerk eines jeden Betrachters fällt sofort auf den leuchtend dunkelroten Fleck in der rechten Bildhälfte. Das Gesetz der Rangordnung findet seine konkrete Anwendung: Großes erhebt sich über Kleinem; aktive, leuchtende Farben dominieren über verhaltenere.

Eine Artischocke, ihrer inneren Schuppenblätter beraubt, so daß der Blick auf den Blütenboden, das sogenannte Stroh, freigegeben ist, büßte ihre natürliche Farbe ein. Ist sie wirklich noch eine Artischocke, oder ist sie zu einem formalen Farbträger geworden?

Die Innenflächen ihrer Randblätter präsentieren sich wie eine glänzende Rosette, das stumpfe, bürstenähnliche Innere tritt als Passives, Lagerndes zaghaft hervor. Alle Aufmerksamkeit zieht dieser durch seine Farbe und Form bestechende Werkstoff auf sich. Welche Umgebung wurde diesem Hauptmotiv nun zuteil?

Der Gestaltungsträger ist eine grau gestrichene Holzplatte, die sorgfältig mit metallischem, feinem Fliegendraht überzogen wurde. Tackerklammern heften den Draht auf der Rückseite des Untergrundes fest und garantieren eine stramme Bespannung. Fliegendraht, mit einer Drahtschere in Streifen geschnitten, wird in plastische Bewegungen geformt und auf der Bildoberseite ebenfalls festgetackert.

Ebenfalls drahtig metallisch, doch von gänzlich unterschiedlicher Struktur und dazu glänzend, findet ein auseinandergezogener Topfreiniger Verwendung. Sammelnde Formen und Gegengewichte zu der dominierenden Artischocke bilden merkwürdige Muschelformen und violett angehauchte Meerschwämme. Auch glänzende Weihnachtskugeln im gleichen Farbton wie das Hauptmotiv, finden ihren Platz.

Stofflichen Kontrast zu allem fließenden Drahtigen bieten Fetzen schwarzer und violetter Seide. Dieses zarte, geschmeidige Gewebe schiebt sich zwi-

schen Muscheln, rauhen Schwämmen, allem Drahtigen hindurch bis zu den äußeren Artischockenspitzen.

Zweifarbige Spitze aus festem Tüllgewebe umschließt wie eine fließende Einsäumung das Stilleben. Unterschiedlichste Materialien in Zusammenhang und Zusammenklang gebracht, präsentieren sich fast provokativ als »Genau-hinschau-Bild« und als »Berühr-mich-mal-Bild«. Sehvermögen und Tastsinn können hier viel Unterschiedliches, Gegensätzliches erfahren — ein sinnliches Erlebnis für Augen und Fingerspitzen.

Gestaltungsträger: mit Fliegendraht umspannte Holzplatte in passender Einrahmung; Abmessung 50 × 30 cm.

Gestaltungsmaterialien: gefärbte Artischocken, Muschelformen, Seeschwämme, Weihnachtskugeln, Fliegendraht, Topfkratzer aus Metallwolle, Tüllgewebe (Spitzenbordüre), Seide.

Gestaltungsart: dekorativ. Gruppierungen mit Verdichtungen und Auflösungen (Prinzipien der Asymmetrie, dem Gesetz der Rangordnung folgend).

Farbigkeit: Hell-Dunkel-Kontrast; Dunkelrot, Violett, Hellgrau, Creme, Silber, Metall.

Farbliche und stoffliche Ausstrahlung — Stimmung: mystisch; geheimnisvolle Kälte vermittelnd, befremdend und dennoch Neugierde erweckend, anziehend.

Verfremdung

Gesättigtes Weinrot-Violett offenbart Aufhellungen bis zu metallischem Grau; Farbtransformationen, die einhergehen mit stofflicher Veränderung.

Schwarzer Kasten — edler Inhalt

Drei glänzend schwarz lackierte Helikonienblätter, versehen mit einem leichten goldenen Überzug, boten Anreiz genug, um sie zu verarbeiten. Nicht nur ihre total veränderte Oberflächenerscheinung, sondern auch ihre phantastischen Bewegungen, erstarrt und verkrustet unter dem Lacküberzug, lassen die einst gewachsenen, pflanzlichen Materialien gänzlich neu und fremd erscheinen.

Die Funktion als Blatt mit einer physiologischen Bedeutung wurde bereits mit dem Abschneiden beendet. Als naturbelassener, stumpfer, in fahles Beige verfallener, eingetrockneter Werkstoff präsentiert sich ein Helikonienblatt mit völlig anderer Aussagekraft als in dieser optischen Verfremdung.

Ich wollte die interessante, eingerollte, eigenwillige Form nutzen, die charakteristisch beim Eintrocknen entsteht, strebte aber gleichzeitig eine stoffliche Veränderung an, um zu einer differenzierten Einsatzmöglichkeit zu gelangen. Dieses Ziel konnte nur mittels der aufgebrachten Farbe erreicht werden.

Längst bietet der Handel Material in allen erdenklichen Farbnuancen an. Oftmals genügt schon ein farbiger Hauch, um beim Eintrocknen verblichenes, vegetatives Material in seinem Ausdruck zu unterstreichen, ohne es jedoch zu verfremden. Bei Gräsern wird so verfahren, da sie besonders schnell ausbleichen und ihre Attraktivität einbüßen.

Auch die zusätzlich ausgewählten Blätter erscheinen in völlig fremder Farbe — eben angepaßt. Da kein farblicher Kontrast zu den Helikonienblättern entstehen sollte, sondern ein harmonischer Gleichklang, mußte die Gesamtgestaltung der dominant vorgegebenen Farbe Schwarz folgen.

Um die starken Bewegungen der Helikonienblätter aufzuhalten und abzufangen, erschien mir eine flache Holzkiste als Einrahmung geeignet. Um als Gestal-

Eine gewisse Unwirklichkeit bestimmt die mystische Nicht-Farbigkeit, belebt durch verhalten matt-goldene Attribute.

tungsträger in optischem Einklang mit allen Gestaltungsmaterialien erscheinen zu können, mußte die einfache Holzkonstruktion dem Hauptmotiv, also den drei Helikonienblättern, farblich angepaßt werden.

Schwarze, wasserlösliche Plakatfarbe ist für einen solchen Zweck ideal. In den noch leicht feuchten Anstrich lassen sich effektvolle Nuancierungen in verhalten glänzendem Gold auftragen. Es ist ebenfalls wasserlöslich, wird jedoch nicht zu naß angerührt. Unter Verwendung eines breiten Borstenpinsels lassen sich Teilbereiche des monochromen Rahmens damit beleben und veredeln diesen gleichzeitig durch die Patinierung.

Mit der gleichen Farbmischung versehe ich das große, apfelrunde, im Zentrum erscheinende Hoja-Blatt (Hoja de manzana) und die daneben angeordneten Blätter mit ihrer pfeilförmigen Blattspitze.

Auf der Suche nach weiteren Gestaltungsmaterialien für diese schwarz-goldene Komposition fällt mir das bereits matt golden bis gelbgrün gefärbte, stark gedrehte Seegras in die Hände. Auch dunkles, äußerlich verändertes Kokosgewebe scheint mir stofflich und farblich zu passen. Eine Hortensienblüte, bereits schwarz, betupfe ich noch etwas mit einem in Gold getauchten Borstenpinsel und erreiche die gewollte Ausstrahlung.

Ich entdecke einige Abschnitte goldfarbener Kordel, die über den Rand meiner Stoff- und Bänderkiste heraushängen; violett-blaue, goldgenoppte Wolle, ein Fetzen dunkel bedruckten Baumwolltuches liegen direkt daneben. Ich nehme diese Materialien in die Hand und verdrehe sie ineinander: eine interessante textile Struktur entsteht.

Die Kordel erhält an ihren Enden Knoten, damit sie nicht aufribbelt, aber auch, damit deutlich sichtbar wird, daß sie dort zu Ende ist. Fäden, Stricke, Seile, Schnüre und Ähnliches sollten an ihren Enden stets Knoten aufweisen, damit die werkstoffgerechte Verarbeitung zum Ausdruck kommt und die Eigenheit des Materials unterstrichen wird.

Einige Fasern violett eingefärbter Tillandsien und eine schwarz-grüne Feder harmonieren in ihrer Stofflichkeit mit den Textilien und bieten sich als strukturelle Kontraste an.

Mit Hilfe von dünnem Golddraht auf der Rolle fixiere ich die interessante Verschlingung. Unregelmäßig umwickelt und durch den Draht formbar, ergibt es ein Gestaltungsmittel, das sich sowohl von den dominierenden Helikonienblättern absetzt, als auch mit Seegras, Kokosgeflecht und hölzerner Rückwand korrespondiert.

Um allen fließenden, ihrem Wesen entsprechend waagerecht angeordneten Materialien einen Gegenpol zu bieten, muß eine Vertikale in die Gestaltung eingehen. Kleine Messingnägel, zunächst nicht ganz in das Rahmenholz geklopft, ergeben Punkte, um die dünner Golddraht gespannt werden kann. Zur endgültigen Fixierung werden die Nägel dann tief eingeschlagen und die Drähte auf diese Weise festgespannt.

Die gegebene funktionale Linienführung nutzend, werden Seegras, textile Wicklung, Kordel und auch zwei ausdrucksvolle Blätter durch die Drähte hindurchgeführt. Der glänzende Draht ist nicht nur Gestaltungsmaterial, sondern gleichzeitig Gestaltungsträger. In dieser Doppelfunktion verleiht er dem Gesamten sowohl Ausdruckskraft durch seine Transparenz und Leichtigkeit als auch Tiefe.

Durch diesen senkrechten Akzent wird die horizontale Materialanordnung der geklebten Collage wesentlich deutlicher wahrnehmbar. Die eingefügten Blätter mit ihrer ausdrucksstarken Blattspitze weisen auf diese Anordnung wie mit Zeigefingern hin. Es ist erstaunlich, wie dieses konträr angeordnete Gestaltungselement mit seiner eigentlich transparenten Erscheinung und vermeintlich ohne große Aussagefähigkeit im Vergleich zu den starken, körperhaften Formen doch seine Funktion als Richtungsträger erlangt.

Die zwischen den Drähten angeordneten Blätter agieren als deutlich wahrnehmbare Akzente und beleben mit ihrer farblichen Stofflichkeit den gesamten Rahmeninhalt. Auch das nur zu einem Drittel sichtbare Hoja-Blatt im Bildzentrum erfährt durch seine fast identische Erscheinung große Bedeutung. Durch seine matte Oberfläche schafft es die Verbindung zwischen glänzend lackierten Formen und der matten, dunklen, verhaltenen Fläche des Untergrundes.

Das interessante Miteinander von Mattem und Glänzendem, von Passivem und Aktivem, von Impressivem und Expressivem erscheint in solcher Ausgewogenheit, daß eine bewegte Ruhe wahrzunehmen ist; oder ist es eine ruhige Bewegtheit? Gegensätze in unüblicher Kombination, durch überlegte Gestaltung entstanden, vermögen eine solche Stimmung auszudrücken.

Gestaltungsträger: schwarz bemalter Holzkasten; Abmessung 50 × 30 cm.
Gestaltungsmittel: drei schwarz lackierte Helikonienblätter, zwei spitz zulaufende Blätter und ein rundes Hoja-Blatt, Kokosmatte, Hortensienblüten, Seegras, Tillandsie, zwei Federn, Kordel, Baumwollstoff, Golddraht, Messingnägel.
Gestaltungsart: parallel (Linienspiele mit Verdichtungen).
Farbigkeit: Schwarz, Gold, Violett, Blau, Grün.
Farbliche und stoffliche Ausstrahlung — Stimmung: dunkel, mystisch, kostbar, edel, elegant getragen, distanziert, besinnlich.

Erbsen, Bohnen, Linsen — Hülsenfrüchte an der Wand

Konstruiert mit Zirkel und Lineal, vorgezeichnet auf einer dünnen Holzfläche, so gestaltet sich die Vorbereitung zu diesem grafisch anmutenden Wandschmuck. Das Gestaltungsmaterial hält der Lebensmittelhändler bereit: Reis, Maiskörner, Son-

Akribischer Fleiß zeichnet die grafische Gestaltung des aus Hülsenfrüchten gefertigten Materialbildes aus.

nenblumenkerne, Erbsen, Bohnen und rote Linsen.

Auf die vorgezeichneten Teilflächen wird mit einem schmalen Spachtel Weißleim aufgetragen, so daß die aufzubringenden Werkstoffe fixiert werden können. Reis und Linsen lassen sich aufstreuen, die größeren Sonnenblumenkerne, wie auch Erbsen, Bohnen und Mais, hingegen werden durch Fleißarbeit in Position gebracht. Mit feinem Fingerspitzengefühl und auch mit Hilfe einer Pinzette werden die kleinen Einzelformen wie Perlen aneinandergereiht, bis die ganze Holzplatte gefüllt ist. Für den einen ist das eine nervenberuhigende Tätigkeit, für manch anderen die Herausforderung zur Beherrschung. Geduld und Sorgfalt werden jedem abverlangt, soll das Ergebnis durch seine Akkuratesse bestechen.

Anstelle der genußfähigen Hülsenfrüchte können auch speziell für Bastelzwecke präparierte, also keimunfähige Materialien aus Heimwerkermärkten oder Hobbyläden verarbeitet werden.

Erst wenn alle Materialien die vorgezeichneten Felder ausfüllen und fixiert sind, wird ein dünner Leistenrahmen um die Platte geheftet. Dieser könnte beim Auslegen der einzelnen Kerne und Früchte stören und behindern. Um ein Keimen der verwendeten Materialien auszuschließen, müssen diese nun vollständig mit flüssigem Kunstharz überzogen werden. Wie Tortenguß wird es verteilt und konserviert dann die Früchte und auch die Farben.

Nach dem Trocknen des Kunstharzüberzuges werden die Leisten wieder entfernt, da sie lediglich ein Auslaufen des Kunstharzes verhindern sollten. Auf Naturholz als Hintergrund mit einem selbst gearbeiteten, naturbelassenen Holzrahmen kommt diese »kernige« Arbeit besonders schön zur Wirkung.

Küche oder Eßzimmer bieten das richtige Ambiente für diesen schlichten und doch reizvollen Raumschmuck.

Gestaltungsträger: dünnes Holzbrett, auf einen flächigen Holzrahmen aufgeklebt; Abmessung 70 × 45 cm.

Gestaltungsmaterialien: Reis, Mais, Sonnenblumenkerne, Erbsen, Bohnen, Linsen.
Gestaltungsart: grafisch (klar überschaubar und abmeßbar, konstruiert).
Farbigkeit: Hell-Dunkel-Kontrast; Weiß, Gelb, Graubraun, Grün, Rot.
Farbliche Ausstrahlung — Stimmung: ruhig, getragen, naturhaft, rustikal, klar.

Ordnung und Unordnung

Ein Kastenrahmen, gefüllt mit Weizen — mit nichts anderem; ganz einfach das Material, ganz einfach die Gestaltung.

Im oberen und unteren Randbereich werden lediglich die Ähren dicht gedrängt nebeneinander aufgeklebt; entweder wird Kontaktkleber aus der Tube oder Heißkleber dazu verwendet. Da diese Getreideart keine langen Grannen aufweist, ist ein kompaktes Anordnen sehr einfach und wirkungsvoll.

Getreide pur — gerahmte Ländlichkeit mit dem Duft eines warmen Sommertages.

Als Ähren immer noch erkennbar, doch ihrer langen tragenden Halme beraubt, tritt ihre besondere Oberflächenbeschaffenheit wirkungsvoll in den Vordergrund. In der dicht geschlossenen Fläche mit strenger Parallelität und aufgegliederter Struktur werden sie zum Ornament.

Wie ein Relief — fühlbar uneben — fügen sich die stetigen Reihungen in ihrem ruhigen Rhythmus lückenlos an- und ineinander.

Mit den Spitzen zum Bildrand angeordnet, nähern sich die Ähren beidseitig dem Zentrum. Aber diese behutsame Annäherung wird jäh zerstört und unterbrochen von wildem Wirrwarr abgeschnittener Halme. Dreschabfälle des Strohs besiedeln als konfuse Häufung die Bildmitte. Mit Sprühkleber aneinander befestigt, erscheinen die kurzen Abschnitte in natürlichem Durcheinander. Keine ordnende Hand ist zu spüren, im Gegensatz zu den umgebenden Gestaltungspartien. Zufälligkeit begegnet Geordnetem, Geplantem, Gestaltetem.

In gleicher Farbigkeit und Stofflichkeit treten extreme Formkontraste dem Betrachter entgegen. Eine interessante Studie mit dem Werkstoff Getreide. Seine gesamte Erscheinungsform wird aufgezeigt: die Ähre mit den gereiften Körnern und die Halme als Träger der Fruchtkörper.

Inmitten des Gewirrs sind drei Ähren auf ihren dünnen Halmen erkennbar; sie präsentieren sich in Vollkommenheit, sind natürliche Erscheinungen, nicht nur formale Elemente einer gestalteten Anordnung, von Ordnung und Unordnung.

Gestaltungsträger: einfacher, hölzerner Kastenrahmen; Abmessung 100×45 cm.
Gestaltungsmaterialien: Weizenähren und Weizenstroh.
Gestaltungsart: strenge Parallelität kontra dekorative Unordnung.
Farbigkeit: einfarbig. Reife Getreidefarbe: helles Gelbbraun.
Farbliche und stoffliche Ausstrahlung — Stimmung: warm, gesättigt, natürlich, rustikal, beruhigend und beunruhigend zugleich.

Die Sonnen sind verglüht

Längst haben sie ihre gelben, leuchtenden Blütenzipfel eingebüßt; noch immer stehen sie, wie einstige Sonnenanbeter in eine Richtung erstarrt, auf ihren hohen Ständern. Dunkelbraun, gespenstisch und fast bedrohlich nimmt man sie an späten Herbsttagen wahr: die Felder mit abgeblühten Sonnenblumen. Und plötzlich sind sie abgeerntet, ein sicheres Zeichen dafür, daß der Herbst sich dem Ende nähert.

Rechtzeitig vor der Ernte konnte ich einige respektable Fruchtkörper und auch einige kleinere schneiden. Ihr vollständiges Eintrocknen dauerte nur noch wenige Tage. An einem warmen Ort auf Zeitungspapier ausgelegt, war dies rasch geschehen.

Oft hatte ich im warmen Sommer bei einem Imker beobachten können, wie unzählige Bienen unermüdlich auf den inneren Röhrenblüten der Sonnenblumen herumschwirrten, um den Pollen abzutragen.

Von diesem Imker erhielt ich auch die in dieser Arbeit verwendeten, ausgeschleuderten Bienenwaben. Diese und die Sonnenblumen passen aufgrund der sommerlichen Assoziation bestens zusammen und harmonieren auch als Gestaltungsmittel. Die rauhe, wie in winzige Karos aufgegliederte Oberfläche der Sonnenblumen, eingefaßt von einem gezähnten, hellen Rand, paßt stofflich und formal außerordentlich gut zu der sechskantigen Form der dunklen und helleren Bienenwaben.

In dem sehr flach gearbeiteten Leistenrahmen mit einem Hintergrund aus Korkplatten erheben sich die aufgeklebten Werkstoffe besonders wirkungsvoll. Die helle, naturfarbene Holzleiste und die eingepaßten, ebenfalls hellen, stumpfen Korkplatten verhalten sich neutral, um alle Wirkung der flächigen Gestaltung mit ihrer Tiefenwirkung zukommen zu lassen.

Eingetrocknete, teils noch grünlich schimmernde Sonnenblumenblätter sind die einzigen bewegten Formen in dieser Studie, während die Sonnenblumen

Die Sonnen sind verglüht

Bienenweide und Bienenbau — Sonnenblumen und Waben — Gewachsenes und Gewachstes.

durch ihre sammelnden Formen Ruhe und Gelassenheit vermitteln. Ein längeres Betrachten erfreut nicht nur das Auge des Betrachters, sondern auch die Nase nimmt den noch ausströmenden Honigduft der Waben auf.

Gestaltungsträger: Leistenrahmen mit eingepaßten Korkplatten; Abmessung 64 × 65 cm.
Gestaltungsmaterialien: Sonnenblumenfruchtstände, Bienenwaben.
Gestaltungsart: parallel (gleichgerichtetes Nebeneinander der Artengruppen).
Farbigkeit: Harmonie der Nachbarfarben; Brauntöne mit Aufhellungen und Abdunkelungen, Ockertöne.
Farbliche und stoffliche Ausstrahlung — Stimmung: rustikal, gediegen, natürlich, verhalten, meditativ.

Dem Winter entgegen

Der jahreszeitliche Reigen schließt sich allmählich, wenn die Herbststürme die Früchte von den Bäumen schütteln. Noch in der Sommersonne konnten die Zapfen der Schwarzkiefer zusammengesucht werden.

Wie prachtvolle Kerzen sitzen die straußeneigroßen Früchte auf den bläulich schimmernden Zedernzweigen. Bis in den Baumwipfel hoch zieren sie alljährlich die stattliche Konifere. Mit der Leiter kann man an einige der unteren Zapfen gelangen, um sie in ihrer charakteristischen noch geschlossenen Form für gestalterische Zwecke einzusetzen. Sind sie erst einmal am Baum ausgereift, ist das nicht mehr möglich, da sie dann in einzelne Schuppen zerfallen und lediglich der

Dem Winter entgegen

Herbstzeit — Erntezeit: Auch nicht genießbare Früchte gehören zu den Sammelfrüchten.

holzige innere Splint senkrecht auf dem Zweig verbleibt.

Da die Schuppen der geschlossenen Zedernzapfen kompakt, mit fast glatter Oberfläche dicht aneinanderschließen, lassen sie sich nur schwer andrahten. Am zweckmäßigsten ist es, wenn sie mittels eines Vorbohrers eine Bohrung erhalten, durch die man den Draht schieben und diesen dann verdrehen kann. Werden sie mit Heißkleber befestigt, wie bei dieser Materialarbeit, erfahren sie optimalen Halt.

Spätherbst bedeutet auch Kastanienzeit. Schon als Kinder waren wir dann mit Körben unterwegs, um sie wie im Wettstreit miteinander aufzulesen. In einer rustikalen Materialstudie möchte ich nun die gesammelten Fruchtformen vereinen und gegenüberstellen.

Ein selbstgezimmerter Kastenrahmen, mit Lasurfarbe behandelt, scheint mir den Stofflichkeiten der Gestaltungselemente gemäß zu sein. Seit langem schon bewahre ich ein Brettstück auf, dessen gebrochene Kante meine Aufmerksamkeit erregt hatte. Es ist geeignet, um in meiner Gestaltung einen bleibenden Platz zu erhalten.

Fast lückenlos fügt es sich in die Abmessung des Rahmens ein. Von hinten durch die Rückwand festgenagelt, bildet es eine dominierende Fläche und teilt den Gestaltungsraum in zwei wirkungsvolle, ungleiche Partien. Dieser vorgegebenen rustikalen Natürlichkeit ordne ich mattes, fasriges Kokosgewebe als Hintergrundabdeckung und -belebung zu. In seiner Struktur und Textur entspricht es dem Rahmen und dem Brett zugleich.

Die zergliederte Faserigkeit verstärke ich durch die Verwendung von zartem Heu. Mit Sprühkleber fixiert, schafft dieser Werkstoff ein willkommenes Milieu für alle braunen Herbstfrüchte.

Wie hineingefallen erscheinen diese in der rechten Bildhälfte. Eher zufällig mutet diese Anordnung an. Eine strenge Formation mit Anhäufung ist dagegen auf der anderen Brettseite erkennbar. Auch der Hintergrund tritt kaum in Erscheinung, die verwendeten Materialien sind hier lediglich noch angedeutet.

Das Brett als raumteilendes Element wirkt mit den auf ihm dargebotenen Zapfen, Kastanien und der Kokosfaser als neutrale Materialpräsentation.

Dieser Bereich der Collage zieht das Auge des Betrachters besonders an, bedingt durch die auffällige, helle Holzkante. Auf einen Blick können alle beteiligten Gestaltungselemente wahrgenommen werden — ihre unterschiedliche Verarbeitung wird zur Rechten und zur Linken dargestellt.

Mit einer solchen Triplizität der verwendeten Werkstoffe wird auf die charakteristische Beschaffenheit besonders aufmerksam gemacht. Der aufgegliederte Kiefernzapfen erscheint in seiner Eigenheit gänzlich anders als der Zapfen einer Zeder. Beide sind jedoch Koniferenfrüchte mit gleicher Stofflichkeit. Die beiden Arten sind eine Gegenüberstellung wert.

Das Aufzeigen der glatten Kastanienfrucht und ihrer stacheligen, schützenden Ummantelung ist es ebenso. Keine Besonderheiten? — Ich denke doch. Die Vielfalt der Natur sollte uns stets vor Augen sein und uns unermüdlich bewegen; nur so werden wir zugänglich für das Erkennen vieler Formschönheiten, deren Eigenheiten und Geltungsansprüche.

Gestaltungsträger: lasierter Holzkastenrahmen; Abmessung 60 × 45 cm.
Gestaltungsmaterialien: Holzbrett mit markanter Unterbrechung, Zapfen von Zeder und Schwarzkiefer, Kastanien, Kokosgeflecht, Heu.
Gestaltungsart: parallel (Nebeneinander von Reihungen und Gruppierungen).
Farbigkeit: Harmonie der Nachbarfarben; rustikale Brauntöne mit Aufhellungen und Abdunkelungen, fahles Olivgrün.
Farbliche und stoffliche Ausstrahlung — Stimmung: rustikal, gedämpft, schwer, getragen, natürlich, waldmäßig.

Hommage à Lanzarote

Normalerweise werden Huldigungen nur Menschen entgegengebracht. Die nachhaltige Erinnerung an eine Ferienreise auf diese Feuer-Insel veranlaßte mich dennoch, das Wort Hommage auch für die Insel zu gebrauchen. Wer jemals dort war, vergißt diese einzigartige, fremde Landschaft niemals. Kreuz und quer durch die Insel reisend, sog ich ihre Eigenheiten in mich auf.

Selbstverständlich habe ich vielerlei gesammelt: Steine, Steine und nochmals Steine. Aber diese vulkanische, steinige Insel bietet noch mehr: auf schwarzer Asche, einem kultivierten Acker, auf dem Zwiebeln angebaut wurden, fanden sich Tausende von leeren, von der Sonne ausgebleichten Schneckenhäusern. Auch fahle, ausgetrocknete Muschelschalen waren weit im Landesinneren zu Tausenden zu finden. Flechtenformationen auch auf den Steinen und Agaven bestimmen stellenweise die karge Landschaft.

Feuerverbrannt — so karg wie das Land.

Baltrum läßt grüßen — Fundsachen von einer Strandwanderung.

Aus rohen Holzlatten formierte ich einen flachen, offenen Rahmen. Dazu legte ich die Latten ganz einfach auf eine hölzerne Platte und leimte sie dort auf. Ohne weitere Veredelung beließ ich diesen Eigenbau, sollte er doch mit meinem Gesammelten harmonieren.

Die tragende Holzplatte wurde mit der weißen Bindermasse Caparol bestrichen; die abgefüllten Beutelinhalte mit verschiedenen Asche-Granulaten wurden darüber ausgestreut und bedeckten nun den Untergrund. Dann folgte die Tüte mit den aufgelesenen Schneckenhäusern und Muscheln. Ich verteilte sie auf der Asche, so, wie ich sie gefunden hatte.

Einzelne, ausgedorrte Zwiebeln kamen mir in die Finger, ein paar Samenfrüchte der Agaven, dort unbedeutende Flechtenansammlungen, und gar eine Getreideähre kam zum Vorschein. Einige Steine sollten auch nicht fehlen und eines der Charakteristika der Kanarischen Inseln: ein abgestorbenes Agavenblatt. Ich habe es allem übergeordnet, so als sei es abgehackt, genau an dieser Stelle auf den Boden gefallen.

Die Gestaltung ist die Wiedergabe einer Naturszene, zugleich aber auch die lebendige Erinnerung an Vegetation, Klima und Landschaft.

Gestaltungsträger: Rahmen aus Holzlatten auf Holzplatte; Abmessung 55 × 80 cm.
Gestaltungsmaterialien: Gefundenes und Aufgesammeltes auf Lanzarote.
Gestaltungsart: vegetativ (Milieustudie).
Farbigkeit: aschefarbenes Rot, Grau, Schwarz, Brauntöne, Ocker-Oliv-Beige, kalkiges, ausgeblichenes Weiß.
Farbliche und stoffliche Ausstrahlung — Stimmung: rustikal, erden, naturhaft, verhalten, besinnlich.

Strandgut

Zusammengetragen in den Urlauben am Meer: Treibholz, Muscheln, Seegras. Erinnerungen an Sonne, Wasser, Strand leben auf, wenn ich in meiner »Seekiste« stöbere. Warum soll einst Gesammeltes, dem Schönheit zugestanden und Aufmerksamkeit geschenkt wurde und das daraufhin eine weite Reise in eine völlig fremde Umgebung antreten mußte, so vergessen übereinanderliegen?

Ich nehme eine große helle Muschel in die Hand und bewundere die auf ihr angesiedelten Seepocken. Wie winzige Kalkkrater erheben sie sich auf der stumpfen Schale. Da, ein Stück einer Auster mit fächerförmigen Schuppen an der Oberfläche. Das ausgeschwemmte, ausgelaugte Holz mit seiner rauhen und beim Trocknen gerissenen Oberfläche; ich erinnere mich noch genau an die Stelle zwischen den Brandungssteinen, an der ich es aus dem zähen, klebrig anhaftenden Sand gezogen habe.

Die Vorstellung von diesem Sand beschäftigt mich: Muscheln, Treibholz und Sand gehören zusammen. Ich will also eine Milieustudie erstellen, in der ich meine Erinnerungen aufleben lasse, all mein Gesuchtes so darstelle, wie ich es einmal gefunden habe.

Dieser gestaltete Ausschnitt gehört unbedingt in einen ihn begrenzenden Rahmen. Allerdings ist es nicht ganz einfach, den richtigen Rahmen zu finden, denn er soll mit der Gestaltung einhergehen und nicht wie ein gekaufter Fremdkörper aufdringlich oder steril wirken.

Aus derben Brettern auf einer dünnen Holzplatte ist rasch ein passender Rahmen zusammengezimmert. Ein Gemisch aus ockerfarbener und gelb-grüner Abtönfarbe gibt die Farbigkeit und die Farbstimmung des Strandes wieder. Auf die noch feuchte Farbe streue ich feinen Vogelsand aus dem Zoohandel. Der milieugerechte Rahmen ist damit fertig, nun kann er gefüllt werden. Dabei ist das Füllen wörtlich zu nehmen. Zur Fixierung meiner aufbewahrten Schätze rühre ich ziemlich dickbreiig Reparatur-Mörtel an, wie er als pulverige Spachtelmasse in Bau- und Heimwerkermärkten erhältlich ist. Gips ist weniger gut geeignet, da er zu schnell abbindet, leicht brüchig wird und schlecht auf dem Untergrund haftet.

Es sollten jedoch jeweils nur kleine Portionen angerührt werden, da auch der Mörtel rasch abbindet, besonders wenn einige Spritzer der bereits zum Streichen verwendeten Abtönfarbe mit eingerührt werden. Mit einem Spachtel auf den Hintergrund aufgetragen, lassen sich darin Muscheln, Gräser und Holz einfach eindrücken und befestigen.

Die unregelmäßige Oberfläche, teils mit aufgestreutem Sand versehen, tritt überall wie eine modulierte Bodenformation sichtbar hervor. Der Mörtel dient hier nicht nur zum Fixieren, sondern ist als natürlich wirkender Untergrund ein eigenes Gestaltungsmittel.

Die Funktion dieses technischen Hilfsmaterials ist sichtbar, was ein wichtiger Aspekt hinsichtlich werkgerechten Materialeinsatzes und Materialgerechtigkeit ist. Überlegtes Gestalten zeigt sich nicht nur im entstandenen Ergebnis, sondern bereits bei der Realisierung durch die bewußte Auseinandersetzung mit den Werkstoffen.

Gestaltungsträger: Einfacher Rahmen aus rohem, unbehandelten Holz; Abmessungen 80 × 45 cm.
Gestaltungsmaterialien: viele verschiedene Muscheln, Treibholz, Seegras, Mörtel, Vogelsand.
Gestaltungsart: vegetativ (Milieustudie).
Farbigkeit: Hell-Dunkel-Kontrast, Harmonie der Nachbarfarben; Erdfarben, Strandfarben, Muschelfarben, Brauntöne mit Aufhellungen und Abdunkelungen.
Farbliche und stoffliche Ausstrahlung — Stimmung: naturhaft, naturbelassen, ruhig, verhalten, besinnlich.

Mahagoni, Kupferblech und Eisenspäne

Edelholz und Metall — wie kommt es zu solch einer Kombination? Vier Mahagonirahmen in beträchtlicher Größe standen zur Verfügung, um einen Büroraum mit großzügigem Wandschmuck auszustatten.

Das Holz des Schreibtisches und des übrigen Interieurs wiederholend, wurde Wert darauf gelegt, auch die Wände in dieses Gesamterscheinungsbild mit einzubeziehen. Somit waren die Rahmen zu akzeptieren, und der farblichen Vorgabe sollte demzufolge entsprochen werden.

Warme Farbtöne, wie die der großen Braun-Familie mit ihren Aufhellungen und Abdunkelungen, stellen eine angenehme, beruhigend wirkende Atmosphäre her, in der es sich entspannt arbeiten

Mahagoni, Kupferblech und Eisenspäne

Auch Büroatmosphäre läßt sich gestalten.

läßt. Keine aufdringlichen, aggressiven oder beunruhigenden Farben stören den Ausdruck dieser vier Bilder.

Interessante, ausgewählte Materialien lassen den Betrachter neugierig werden. Jedes Werkstück ist unterschiedlich gearbeitet — jedes besitzt besondere Eigenwirkung. Trotzdem ist es möglich, alle vier in einen Zusammenhang, in eine Beziehung zueinander zu bringen. Die überlegte räumliche Anordnung spielt natürlich bei der Präsentation eine erhebliche Rolle und schafft erst die optische Verbindung mehrteiliger Gestaltungseinheiten.

Gewachsenes, Getrocknetes, Abgestorbenes erscheint in unmittelbarem Nebeneinander mit rohen, angerosteten, gedrehten Eisenspänen und mit flächigen, zum Teil mit dem Hammer (Treibhammer) bearbeiteten Kupferstreifen.

Vegetatives wie auch Metallisches sind natürlich vorkommende Materialien, aber sie in Verbindung zueinander zu bringen, ist eine Herausforderung. Nehmen die Kupferbleche einen Großteil der Gestaltungsfläche ein, so treten die Eisenspiralen nur akzentuierend hervor.

Das Kupfer paßt von seinem farblichen Charakter her ideal zu Mahagoni. Der durchgehende Glanz des Metalles wurde durch die Bearbeitung mit einem Hammer in manchen Bereichen eingeschränkt. Gleichzeitig verdeutlichen die Hammerschläge die Verformbarkeit des Bleches, die Wesenheit des Materials wird erkennbar. Die Wölbungen erscheinen als Positivform zu den Höhlungen der verwendeten Lotosfruchtstände. Beide Stofflichkeiten, Metall und Pflanze, lassen spezifische Betrachtungsweisen zu. Der Glanz des Metalls erfährt eine Opposition in den dumpfen faserigen Oberflächen des gewachsenen Werkstoffes.

Interessante, skurrile Wuchsformen einer abgestorbenen Tillandsie oder der Schoten des heimischen Lederhülsenbaumes ergänzen sich mit mehrflächigen, sammelnden Materialien. Zu ihnen zählen Flechtenansammlungen, Kokosfasergewebe, Lotosfruchtstände, Adansonia-Früchte und Bündelungen von feinem Stangenbohnengestrüpp.

Die starren, rauhen Eisenspäne wirken wie in die Gestaltung hineingedreht. Wie bohrende, durchdringende Fremdkörper fallen sie in der Gestaltung auf. Teils von pflanzlichem, bewegten Material durchzogen, aber auch überzogen, behaupten sie mit ihrer erkennbaren Härte ihre Stellung innerhalb des Gefüges.

Verwachsene Holzformen, getrocknete Blätter des geigenblättrigen Gummibaumes *(Ficus lyrata)*, Lotosfruchtstände, Pilze, Nevada Moos, Schüsselflechte und glänzend braune, ledrige Schoten machen das dicht gedrängte Nebeneinander aus. Und dicht muß es schon sein, soll die charakteristische spiralige Form der Späne zum Ausdruck kommen. Nur so wird diese Eigenart genügend betont und verdeut-

Gehämmertes, bearbeitetes Material bestimmt den Gestaltungsraum — gewachsene Strukturen bieten Paroli.

Technisches in belebter Umgebung

Metallisch-Spiraliges durchläuft in gerichteter Senkrechte Pflanzlich-Gewachsenes.

licht, andernfalls würden die Späne verloren wirken und bedeutungslos.

Die Augen können in dieser Gestaltung auf Wanderschaft gehen, die Fingerspitzen dürfen tasten; stoffliche Unterschiede und Besonderheiten sind in großer Vielzahl wahrzunehmen und zu erfassen.

Das Vergegenwärtigen der verarbeiteten, ausnahmslos geklebten Materialvielfalt, das Gegenüberstellen von beabsichtigten Struktur- und Formunterschieden regt an, zwischen der Arbeit einige Verweilmomente einzulegen, um zu entspannen, um, mit den Augen suchend und fragend, mit den Händen berührend, Antworten zu finden.

Gestaltungsträger: offene Bilderrahmen aus Mahagoni; Abmessung 130 × 55 cm.

Gestaltungsmaterialien: Kupferblech und Eisenspäne; in Form und Struktur unterschiedliche vegetative Materialien wie Holz, Borke, Blätter, Kokosfasergewebe, Schoten, Pilze, Nevada Moos, Schüsselflechte (*Parmotrema*), Lotosfruchtstände, Platanenfrüchte, Gartenfuchsschwanz.

Gestaltungsart: parallel — vegetativ (Reihungen und Gruppierungen mit Auflösung und Verdichtung).

Farbigkeit: Brauntöne mit Aufhellungen und Abdunkelungen, Ockertöne, Grau-Beige, Kupferfarben, Metallischgrau; Harmonie der kleinen Kontraste, Harmonie der Nachbarfarben.

Farbliche und stoffliche Ausstrahlung — Stimmung: gedämpft, ruhig, beruhigend, verhalten, rustikal, natürlich.

Deutsche Eiche und Früchte vom Affenbrotbaum

Heimisches und Exotisches werden in engen Zusammenhang gebracht; Gegensätzlichkeiten, was ihre Herkunft anbelangt, ergänzen sich zu einer Gestaltungseinheit.

Nicht nur das Eichenbrett — ein Regalboden wie er in Heimwerkermärkten erhältlich ist — sondern auch die Mohnköpfe, dunkelgefärbte Schafgarbe *(Achillea)* und Pilze stammen aus unseren Breiten.

Einen weiten Weg aus fernen Ländern haben die ausgetrockneten, hohlen, okkerfarbenen und pelzig behaarten Fruchtkörper des Affenbrotbaumes *(Adansonia)* hinter sich. Sie treten, ihrem Wert und ihrer Besonderheit angemessen, besonders stark in den Vordergrund.

Ihnen zugesellt sind andere exotische Schönheiten: dunkelbraune, erdfarbene, durch Löcher aufgegliederte Oberflächen der Lotosfrüchte, zerklüftete Gewebestrukturen von Palmfasern und wie Pfeilspitzen hervorschießende, hölzerne Fruchtschalen der Phoenixpalme. Die ledrigen, eiförmigen Blätter mit ihrer gebogenen, wie in einem Stachel endenden Blattspreite kommen aus dem Mittelmeerraum. Braunem Packpapier ähnlich, erscheint dieses interessante Laub; die Blattadern treten wie eine Holzmaserung hervor und sind quer zu der im Verlauf des Brettes erkennbaren Maserung angeordnet. Sie versuchen außerdem, mit ihrer Ausrichtung nach rechts von der starken Senkrechten der Palmschoten abzulenken und den Affenbrotbaumfrüchten die massige Schwere zu nehmen. Von fast gleicher Farbigkeit wie diese, jedoch dünn wie Papier, sind sie ein willkommener Form- und Stoffkontrast.

Eichenholz, Blätter, Palmschoten, Mohnköpfe und Adonsonia-Früchte weisen fast gleiche Farbigkeit auf, die heller und manchmal dunkler im Bereich der Brauntöne angesiedelt ist. Massivere Farbgebung weisen Kokosgeflecht, Lotos, Pilze und besonders die Schafgarbe auf, die bereits in den Schwarzbereich vordringt, also alle bestehende Farbigkeit in sich vereint. Das fein aufgegliederte Nevada Moos (*Eriogonum caespitosum*) wirkt als starke Aufhellung in den Graubereich, enthält jedoch in Spuren die Farben aller Gestaltungselemente. Mit seiner wolligen Struktur und seiner Feingliedrigkeit ist es ein Kontrast zu den kompakten Formen, ähnlich wie Lotos, Kokosfaser und die inneren Samenkörner der Palmschoten, die teils bereits abgefallen sind.

Diese Gruppe bildet einen Ausgleich zu den geschlossenen, mehr oder weniger runden Formen. Diese wiederum bieten durch ihre ruhige, verhaltene Oberfläche Halt und absorbieren einen Teil der gebo-

Kontrastreiche Formen und Oberflächen begegnen einander; die Holzfarbe des Gestaltungsträgers wird von farbähnlichen Gestaltungsmitteln aufgegriffen und wiederholt.

tenen Aktivitäten. Ohne diese Struktur- und Erscheinungsunterschiede der Materialien wäre eine solche Fläche langweilig, ja monoton.

Alle Formen werden in ihrer wesensmäßigen Ausstrahlung durch die Zuordnung von Konträrem aufgewertet. Gegensätzlichkeiten steigern die Erscheinung innerhalb einer Gemeinschaft, wenn sie behutsam und einfühlsam eingesetzt werden. Das Erkennen solcher individueller Besonderheiten erfordert Sensibilität.

An einigen Stellen aufgeklebte Trockensteckmasse ermöglicht das Festhaften flacher Gestaltungselemente, wie der Kokosfasern, der Flechtenteile, oder das Hineinstecken von Schafgarbe und Mohnkapseln. Mit Heißkleber werden alle übrigen, schwereren und körperhaften Materialien direkt auf der Unterlage fixiert.

Die unterschiedlichen technischen Hilfsmittel gestatten es, mühelos verschiedene Ebenen zu gestalten, den Materialien Höhen und Tiefen zu verleihen und so optische Tiefenwirkung zu erzielen.

Gestaltungsträger: Regalboden aus Eiche; Abmessung 35 × 90 cm.
Gestaltungsmaterialien: Früchte des Affenbrotbaumes *(Adansonia)*, Lotos, Calyx-Pilze, Nevada Moos, dunkelgefärbte Schafgarbe, Kokosfaser, Mohnkapseln, fruchttragende Schoten der Phoenix-Palme.
Gestaltungsart: parallel (Häufungen und Schichtungen, gleichgerichtetes Nebeneinander der Werkstoffe).
Farbigkeit: naturfarben, Brauntöne mit Aufhellungen und Abdunkelungen, Harmonie der kleinen Kontraste.
Farbliche und stoffliche Ausstrahlung — Stimmung: erdbetont, ruhig, verhalten, harmonisch, natürlich.

Spieglein, Spieglein ...

Auf dem Speicher fand sich dieser ausrangierte Spiegel, eigentlich zu schade, um ungenutzt in der Ecke zu stehen. So beschloß ich, ihm zu einem repräsentativen Aussehen zu verhelfen und seine Funktion wieder zu nutzen.

Eine 10 mm starke Preßspanplatte dient als tragende Hintergrundfläche. Sie ist an jeder Seite 7 cm breiter als der Spiegel und ergibt damit den Untergrund für den Rahmen.

Mit deckender Abtönfarbe in unauffälligem Ocker bis Olivgrün wird zunächst der freibleibende Holzrand überstrichen. Die aufgebrachten Werkstoffe sollen den Rand nicht gänzlich verkleiden, sondern erkennbar lassen. Die Spiegelfläche wird mit breitem Doppelklebeband und zusätzlich aufgestrichenem Kontaktkleber auf dem Untergrund fixiert.

Wie selbstverständlich folgt Gewachsenes der geometrischen Form des Spiegels.

Rechte Seite:
Aussicht auf eine gute Ernte: gereifter Mais angeordnet in gewachsener Parallelität.

Der beachtlichen Kantenlänge folgend, wähle ich überwiegend lineare und nur einige wenige sammelnde, runde Formen. Schlangenähnlich wirken die einst Früchte tragenden, dunkelbraunen Palmensprosse mit ihrer geschuppten rauhen Oberfläche.

Die gewaltigen, unterarmlangen, fast versteinert wirkenden Schoten des Flammenbaumes *(Delonix regia)* waren das Mitbringsel einer nach Bali gereisten Kollegin. Bei der Materialzusammenstellung erweisen sie sich mit ihrer Länge und der ruhigen, geschlossenen Form als willkommene Wirkungseinheiten.

Die stark dunklen, schweren Materialien werden ergänzt durch leichtes, aufgegliedertes Kokosgewebe, das durch seine transparente Struktur zwar diese Farbigkeit in der Gestamtgestaltung weiterleitet, jedoch durch seine Stofflichkeit für eine gewisse Auflösung der farblichen Schwere sorgt.

In starker Aufhellung der Brauntöne treten die ockerfarbenen Hülsen der Albizia, einer großen Mimose, hervor. In der Form den dunklen Schoten ähnlich, doch wesentlich leichter und wie aus Pergament, fügen sie sich neben-, unter- und übereinander. Die eingeschlossenen Erbsenfrüchte im Schoteninneren beleben den ruhigen Längsverlauf.

Die als Elefantenohren im Handel bezeichneten, halbierten Kapselfrüchte stellen einen deutlichen Formkontrast dar. Mit ihrer rundlichen, sammelnden Form übernehmen sie fast bremsende Funktion. Alles Längsgerichtete wird durch sie aufgehalten, unterbrochen und zugleich gefestigt.

Es wäre unschön, auf den waagerechten Rahmenpartien ebenfalls Schoten anzubringen. Ihrer natürlichen Wuchsrichtung gemäß wurden sie, wie alle übrigen Materialien mittels Heißkleber, lediglich auf den Senkrechten angebracht.

Kokosgewebeteile und runde Fruchtschalen übernehmen die Gestaltung der Horizontalen. Begrenzend, durch ihre Formgebung bedingt, verleihen sie der Einrahmung Gewicht und Zusammenhalt und — was besonders wichtig ist — Zusammengehörigkeit der Elemente.

Alle Gestaltungsmaterialien dieses vegetativen Gefüges sind klar geordnet. Die Ausgewogenheit von Farbe, Form und Bewegung trägt zu einer in sich geschlossenen, harmonischen Körperhaftigkeit bei.

Gestaltungsträger: Preßspanplatte; Spiegelfläche, Abmessung 55 × 115 cm.
Gestaltungsmaterialien: Schoten von *Albizia lebbeck* und *Delonix regia*, halbierte Kapselfrüchte (Handelsname: Elefantenohr), Kokosfasergewebe, Palmentriebe.
Gestaltungsart: parallel (Reihungen mit Verdichtung und Auflösung).
Farbigkeit: Hell-Dunkel-Kontrast; Kontrast der Nachbarfarben: Aufhellungen und Abdunkelungen von Brauntönen.
Farbliche und stoffliche Ausstrahlung: rustikal, holzig, harmonisch, gewachsen, natürlich.

Blick aufs Maisfeld

Der alte, ausrangierte, zweiflügelige Fensterrahmen ist ein Fund aus dem Sperrmüll. Ich sah seinen Wert als Gestaltungsträger und transportierte ihn heim. Von einem Schreiner ließ ich einen etwa 10 cm tiefen Kasten aus Preßspan arbeiten, der hinter dem Fenster eingepaßt wurde. Der eigenwillige Rahmen war nun für eine einzuarbeitende Gestaltung bereit.

Was liegt näher, als durch ein Fenster zu blicken und etwas wahrzunehmen? In diesem Sinn wollte ich den Kasten füllen.

Wie wär's mit dem »Blick aufs Maisfeld?« An überdimensionalen, prall mit Mark gefüllten Halmen sind im Laufe des Sommers Kolben gereift, die wie gelb-goldene Walzen sorgfältigst in sandfarbene Blätter gehüllt und fest eingewickelt sind. Stengel, Blätter und Fruchtstände sind die Bestandteile dieser Komposition.

Wegen ihres Gewichtes wurden die kolbentragenden Materialien auf dem Untergrund festgenagelt, alles Leichtere wur-

Mohn-Trilogie

Variationen: Mohn gelegt, geschichtet, gesteckt – fast hölzern, leblos trocken und dennoch mit viel Ausdruckskraft.

de mit Heißkleber fixiert. Gewachsene Dichte präsentiert sich dem Betrachter. Die entblößten, kräftig sonnengelben Kolben stehen farblich in krassem Gegensatz zu den morbiden, fahlen Grüntönen der Blätter und Halme. Als einzige körperhafte Form heben sie sich deutlich ab von den sonst eher linear verlaufenden Blattspreiten. Auch die aufgegliederten Blütenähren mit ihrer bräunlichen Färbung assimilieren sich allem Krautigen.

Parallel, wie auf dem Feld gewachsen, ist der gesamte Kastenraum ausgefüllt. Dichtes Gedränge ist wahrzunehmen, so als blicke man in ein mehr als mannshohes Maisfeld, in das man nur geduckt, die Hände schützend vor dem Gesicht, eindringen kann.

Gestaltungsträger: Fensterrahmen mit passend gearbeitetem Kasten als Hintergrund; Abmessung 65 × 125 cm.
Gestaltungsmaterialien: Maispflanzen ohne Wurzeln.
Gestaltungsart: parallel (Reihungen mit Verdichtungen).
Farbigkeit: Ocker-oliv, Sandfarben, Sonnengelb, ein Hauch von zartem Violett.
Farbliche und stoffliche Ausstrahlung – Stimmung: rustikal, ländlich, gewachsen, natürlich, stimmungsvoll, herbstlich.

Mohn-Trilogie

Drei unterschiedlich große, rechteckige Holzrahmen — drei unterschiedliche Materialstudien über die fruchtende Mohnpflanze.

Vom Bahndamm und von einem brachliegenden Feld habe ich im Spätsommer ganze Arme voll abgetrockneter Mohnpflanzen heimgetragen. Schon beim Ernten kam mir die Idee, diesen Mohn in besonderer Weise darzustellen; die Realisierung ergab sich später fast von selbst.

Als ich nach Wochen den großen Karton mit dem darin aufbewahrten Mohn aus einer Ecke hervorzog und mit beiden Händen eine größere Menge entnahm, hatten sich einige Stiele verhakt und knickten ab. Genau so wollte ich dieses vegetative Material verarbeiten: in seiner Ganzheit, aber auch geknickt, gebrochen, zerlegt in Stengel und Kapseln. Eine »Mohn-Trilogie« sollte entstehen — eine Komposition aus drei Teilen, die letztlich als harmonisches Gefüge und als Einheit erfahren werden konnte.

Neutrale Kiefernholzrahmen bieten sich wegen ihrer pflanzlichen Stofflichkeit und natürlichen Farbgebung an. Da sie jedoch keine Rückwand aufweisen, müssen sie zunächst mit einem Papphintergrund versehen werden. Das geschieht einfach mit Hilfe eines Tackers oder mit Klebstoff. Die drei unterschiedlich großen Rahmen können dann in die gewünschte räumliche Beziehung zueinander gebracht werden. Die sich berührenden Kanten werden mit Holzleim bestrichen und 24 Stunden in Schraubzwingen fest zusammengedrückt.

Der größte Rahmen soll den Mohn in seiner Gesamtheit präsentieren. Viele Stiele sind zum Abdecken des Hintergrundes nötig, auch auf die Blätter wird Wert gelegt. Da eine der Bildflächen nur die Kapseln aufnimmt, stehen genügend Stiele zur Verfügung. Zwischen die Stiele werden vollständige Sproßteile eingefügt, zur Fixierung dient Heißkleber. Geordnet, aber dennoch vegetativ natürlich wirkt hier der vollständige Mohn.

Kopf an Kopf in unterschiedlichen Größen werden die Mohnkapseln in den oberen linken Rahmen eingefüllt. Wie Sterne strahlen die holzig wirkenden Narben der Fruchtkörper. Nebenan hingegen blickt der Betrachter auf hohle Stengelabschnitte.

Zur einfachen Anbringung empfiehlt es sich, eine dünne Scheibe Trockensteckmasse auf die Rückwand zu kleben, in der die unzähligen Stielabschnitte gut Halt finden. Reizvoll ist es, einige geknickte, längere Mohnstiele einzuarbeiten, um so betont auf den Werkstoff aufmerksam zu machen. Auch einzelne Blätter, die ja an den Stengeln wachsen, eignen sich, um in diesem feingliedrigen Bereich Schwerpunkte zu setzen.

Drei unterschiedliche Einzelarbeiten ergänzen sich hier zu einer Gesamtstudie mit eindeutiger Werkstoffdarstellung.

Gestaltungsträger: drei unterschiedlich große Kiefernholzrahmen; Abmessungen 20 × 25 cm, 25 × 30 cm, 30 × 40 cm.
Gestaltungsmaterialien: fruchtende Mohnpflanzen ohne Wurzeln.
Gestaltungsart: parallel (gleichgerichtetes Nebeneinander, Schichtungen, Staffelungen).
Farbigkeit: naturbelassene Brauntöne.
Farbliche und stoffliche Ausstrahlung — Stimmung: gedeckt, verhalten, ruhig, naturhaft, ausgeglichen, beruhigend.

Rot und Violett — aktiv und dunkel

Farben sind Ausdrucksmittel, Farben besitzen Eigenschaften. Farbe und Stofflichkeit stehen im Vordergrund dieser expressiven Gestaltung. Materialien unterschiedlichster Oberflächenbeschaffenheit, also Struktur, sind zusammengefügt in einen sie begrenzenden Rahmen.

Der Rahmen, eine flache, einfache Holzkiste, in der einst Kiwis angeboten wurden, erhielt einen Anstrich aus gemischter blauer und roter wasserlöslicher Plakatfarbe. Ohne Steckhilfsmittel, ledig-

lich mit Heißkleber, wurden alle verwendeten Materialien fixiert.

Den Anreiz zu dieser Arbeit gaben gebündelte Mohnkapseln. In dunkelstem Rot und schwärzlichem Violett lagen sie in einer Tüte nebeneinander im Regal. So und andersfarbig präpariert, werden sie im Handel angeboten.

Die Farben faszinierten mich: Rot als die aktivste aller Farben, Violett als die dunkelste, aber nicht passivste. Dann ergab sich die Frage, was man diesen geschlossenen, glatten, aber stumpfen Mohnköpfen entgegensetzen oder zur Seite stellen könnte.

Ebenso violett eingefärbt, jedoch aufgehellter, entdecke ich die interessant geformten Meerschwämme (*Hyatella intestinalis*). Hart und spröde ist ihre Oberfläche; von Löchern durchfurcht und unregelmäßig im Aufbau, erscheinen sie mir als geeigneter Werkstoff.

Nun habe ich zwei unterschiedliche Materialien in den Händen, doch beide besitzen etwas Körperhaftes, Kompaktes — und beide sind matt. Etwas Leuchtendes, Glänzendes wäre schön im Kontrast dazu, und auch die Stofflichkeit müßte ein Unterscheidungskriterium darstellen.

Im Regal finde ich ebenfalls dunkelrot gefärbte Strohblumen; ihre harten, spitzen Blütenblätter wirken wie gläserne Sterne. Trotz ihrer Starre sind sie weich und lassen sich zusammendrücken — ideal zur Verarbeitung zwischen harten Mohnköpfen und Schwämmen. Aber das reicht noch nicht als Kontrastmittel.

Ein Blick in meine Bänderkiste weist mir die Fortsetzung meiner Überlegungen. Glattes, matt glänzendes Satinband, im farbverwandten satten Rot zu beiden Mohnsorten passend, fällt mir auf. Unter der Bandrolle lugt ein Zipfel des gefärbten Jutegewebes hervor, und ich entschließe mich auch zu dessen Verarbeitung.

Das aufgegliederte Gewebe, seine stumpfen, zerteilten Fasern, sind ein guter Gegensatz zu dem exakt gerandeten Band. Beide Textilien ergänzen sich und steigern ihre Ausdruckskraft durch ihre bewegte Verarbeitungsweise. Das Band schlaufig drapiert, die Jute großzügig zu transparenten Flächengliederungen geformt, durchziehen sie die bereits fixierten, festen Gestaltungsmaterialien.

Einige Mohnkapseln habe ich nicht ihrer Stiele beraubt, sondern benutze diese, um sie zum Teil als grafische Linien einzusetzen und auch, um auf die Stiele als Dazugehöriges und Vorhandenes hinzuweisen. Mit dem Einsatz der Stiele erreiche ich außerdem, daß die Gestaltung eine Richtung erhält, was die Banddrapierungen nicht so konsequent und deutlich vermögen, sondern lediglich andeuten.

Ist es die Farbe, die diese Gestaltung betrachtenswert macht, oder sind es die Formen, die Strukturen, die die Augen in Ruhe darauf verweilen lassen, oder ist es beides? — dann wäre es eine gelungene Arbeit.

Gestaltungsträger: angestrichene, einfache flache Holzkiste; Abmessung 30 × 45 cm.
Gestaltungsmaterialien: gefärbte Mohnkapseln, Strohblumen und Meerschwämme, Satinband, Jutegewebe.
Gestaltungsart: parallel (Reihungen und Gruppierungen in Verdichtung und Auflösung).
Farbigkeit: Harmonie der Nachbarfarben, Harmonie des Gleichklanges; Farben der Rotfamilie mit Abdunkelungen zum Blaubereich ins Violett.
Farbliche und stoffliche Ausstrahlung — Stimmung: mystisch, gebändigte Aktivität durch Verdunkelung, rustikal mit edlen Akzenten.

Mohn in Verworrenheit

Dies ist mein erster Versuch, mit Caparol-Binder als Fixierungsmittel zu arbeiten. Und ich stelle fest, diese Technik ist nicht nur zeitsparend, sondern im Ergebnis sehr befriedigend.

Der Gestaltungsträger ist eine gekaufte, äußerst einfache Pinnwand. Zwischen schmalen Leisten ist eine dünne, weinrot gefärbte Korkwand gefaßt. Dieses matt

Linke Seite:
Rot und Violett — aktiv und dunkel

Glattes neben Rauhem, Glänzendes neben Rustikalem, Geschlossenem; Transparentes neben Kompaktem — Bewegtes neben Ruhendem... Kontraste, Kontraste.

Mohn in Verworrenheit

Stengelgeschlängel durch bewegtes Wurzelgewirr: der Mohn findet Halt in anderen, ihn umgebenden Gestaltungsmitteln.

und stumpf erscheinende Material sollte ergänzende Gestaltungselemente mit gleicher Oberflächenbeschaffenheit aufnehmen.

Mit Pinnwand assoziiere ich angeheftete Notizen, und so kam mir der Gedanke, Papier oder Papierähnliches zu verarbeiten. Ich entschied mich für in Streifen gerissene Wellpappe, die zunächst die Grobgliederung des Untergrundes ausmachte.

Um die Farbe des Korks aufzunehmen und gleichzeitig zu dem flächigen Material einen Kontrast zu schaffen, schienen mir die dunkelrot gefärbten Wurzelfasern gut geeignet. Sie sind in Bastelläden und Hobbyabteilungen erhältlich. Als wildes Gewirr habe ich sie zwischen der Pappformierung angeordnet.

Caparol ist ein schadstoffarmer Kunststoffdispersions-Binder, der nach Angabe im Verhältnis 1:5 mit Wasser verdünnt und dann mit einem breiten, weichen Pinsel auf die lose gelegten Materialien aufgetragen wird. Sehr großzügig wird dabei verfahren, um alles richtig zu benetzen. Die aufgebrachte milchige Lösung läßt zunächst alles weißlich erscheinen. Im feuchten Zustand konnte die Pappe beliebig verschoben und frei geformt, also regelrecht noch einmal gewellt werden. Am nächsten Tag war alles trocken und fest. Die milchige Färbung war gänzlich verschwunden, alles war mit einem matten Glanz überzogen.

Das angeordnete Wurzelfasergewirr bot sich auch als Gestaltungsträger an; ich entschied mich für Mohnkapseln an langen Stielen. Ich verwendete sowohl passend rot eingefärbte als auch selbstgeerntete, naturbelassene. Die einen ergänzen sich mit der Farbe des Untergrundes und der Fasern, die anderen harmonieren mit der Wellpappe.

Die filigrane Zerklüftung nutzend, schob ich die langen Stiele behutsam hindurch und fixierte den schweren Kopf mit einem Tropfen Heißkleber zur zusätzlichen Sicherung der Position.

Im Mit- und Gegeneinander korrespondieren die Kapseln miteinander, während ihre Stiele in streng senkrechter Richtung nebeneinander herlaufen. Durch die Plastizität des Untergrundes und die Nutzung der räumlichen Gegebenheit erhält die Gestaltung beachtliche Tiefenwirkung.

Die kräftigen Mohnstiele beleben zum einen die ähnlich erscheinende Riffelung der Pappe, zum anderen erscheinen sie als körperliche Verstärkung der dünneren Wurzelfasern. Ihre Gradlinigkeit entspricht der Parallelität der Pappwellungen und steht gleichzeitig in Kontrast zur verworrenen, ihnen Halt bietenden Faseranhäufung.

Um den Glanz des Fixierungsmittels zu mindern, wurde nachträglich mit Hilfe von Sprühkleber etwas dunkler Sand aufgestreut und fixiert. Zweckmäßiger wäre es gewesen, den Sand gleich auf den noch feuchten Untergrund zu streuen. Das zählt zu den Erfahrungen, die im Umgang mit neuen Materialien und Techniken gemacht werden müssen.

Gestaltungsträger: einfache Pinnwand aus dünner Korkplatte, gefaßt in schmalen Holzleisten; Abmessung 40 × 60 cm.
Gestaltungsmaterialien: Mohnkapseln an langen Stielen, eingefärbt und naturbelassen, eingefärbte Wurzelfasern, Wellpappe, feiner Sand.
Gestaltungsart: parallel (grafische Verflechtungen, Reihungen und Gruppierungen).
Farbigkeit: dunkles, mattes Weinrot, Okker-Grau, aschfarbenes Beige.
Farbliche und stoffliche Ausstrahlung — Stimmung: verhaltene Bewegtheit, gedämpfte Aktivität, diffus, mystisch angehaucht.

Orangenscheiben und Mohn

Von einer Reise nach England und Besuchen bei dortigen Floristen brachte ich eine Packung getrockneter Orangenscheiben mit. In einer Pappschachtel auf Holzwolle gebettet und mit kleinen runden, getrockneten Blättern dazwischen, dufteten sie köstlich. Sie werden entweder im Backofen auf Papier getrocknet oder in der Sonne auf einen dünnen Draht gefädelt. Den entsprechend hergerichteten Kartoninhalt wollte ich unbedingt in seiner Zusammenstellung belassen und damit etwas gestalten.

Eine einfache Pinnwand mit gedämpft violettem Hintergrund ist nicht nur ein preiswerter Gestaltungsträger, sondern seine Hintergrundfarbe auch der willkommene Komplementärkontrast zu dem satten Orange.

Mit Sprühkleber ist die leichte Holzwolle mühelos und schnell fixiert. Die Apfelsinenscheiben und die fahl-grünlichen Blät-

Fruchtig pflanzlich — die Wärme der Sonne, die Orangen und Mohn reifen ließ, ist noch zu spüren.

ter werden mit Heißkleber befestigt, ebenso die längst eingetrockneten Physalisfrüchte. Aber irgendetwas fehlt nun noch.

Die allesamt eher runden und somit sammelnden Formen beherrschen den gedämpft farbigen Untergrund und das unruhige Gewirr der Holzwolle. Um nicht wie gepflastert zu erscheinen, bedürfen die arrangierten Materialien eines Gestaltungsmittels, das diesen starken Erscheinungsformen widerspricht, aber auch einen formalen Kontrast ausdrückt.

Auf der Fensterbank steht ein Glaszylinder mit den längst abgeblühten Stielen eines einst wunderschönen Frühlingsstraußes. Die noch deutlich erkennbare Blütenfarbe des Mohns, die papierene Leichtigkeit der Blätter und der skurrile Wuchs seiner Stiele machen ihn zu einem Zaubermittel für diese Gestaltung.

Der Mohn mildert die plakative Massigkeit der Orangenscheiben, ergänzt die Stofflichkeit der Physalis und setzt mit der Bewegtheit seiner Wuchsform beschwingte, rhythmische Signale. Belebte und bewegte Leichtigkeit geht nun von der Gesamtgestaltung aus. Der diffuse Untergrund der Holzwolle erfährt wieder mehr Beachtung, da er zu einer Vielzahl von Linien aufgewertet wird, zwischen die sich die markanten Mohnstiele schieben und darüber und dazwischen hervortun.

Sommerliche, sonnige Wärme vermittelt dieses Materialbild. Auch wenn alles eingetrocknet ist und seine Frische eingebüßt hat, steigt einem doch der vermeintliche Duft von geschälten Orangen ins Gedächtnis und die Erinnerung an die empfindliche Flattrigkeit der Mohnblüten ist geweckt.

Gestaltungsträger: einfache Pinnwand aus dünner Korkplatte, gefaßt in schmalen Holzleisten; Abmessung 40 × 60 cm.
Gestaltungsmaterialien: eingetrocknete Mohnblüten, Orangenscheiben und Physalisfrüchte, Blätter, Holzwolle.
Gestaltungsart: parallel (Bewegungen und Gruppierungen mit Verdichtung und Auflösung).
Farbigkeit: Komplementärkontrast: Orange-Violett, Gelb-Orange mit Abdunkelungen, Cremegelb, Ocker-Oliv, Ocker.
Farbliche und stoffliche Ausstrahlung — Stimmung: sonnig, heiter, beschwingt, bewegte Leichtigkeit, optimistisch, freundlich, erfrischend.

Kleiner Kasten — einmal senkrecht, einmal waagerecht

Lediglich 10 × 45 × 4 cm betragen die Abmessungen eines solchen Kastens. Samenstände der Jungfer im Grünen, kurze Teile des Gartenfuchsschwanzes und getrocknete Stechapfel-Fruchtstände lassen sich schnell und einfach mittels Heißkleber befestigen.

Kräftige Stengelabschnitte des Stechapfels und die sich durchschlängelnden Fuchsschwanztriebe betonen die Senkrechte. Die geraden glatten Kastenwände treten deutlich in ihrer Funktion als Eingrenzung hervor. Dicht aneinandergeschmiegt erscheinen die Materialien, als hielten sie sich gegenseitig, ohne durch Klebstoff fixiert zu sein.

Die schweren, stacheligen Samenkapseln sind im unteren Kastenbereich angeordnet — teils liegend, teils aufgestellt. Im oberen Bereich drängen sich die runden, glatten, pergamentartigen Früchte der Jungfer im Grünen. Eine Impression ausgesuchter und zusammengetragener Funde von einem Rundgang durch den spätherbstlichen Garten.

Helle kleine Kiefernzapfen, bewegt gedrehtes, olivgrünes Schilfgras mit Wollfäden gebändigt und zusammengebunden, sowie Flechtenteilchen sind die Werkstoffe für die waagerechte Kastenfüllung.

Die Verwendung des Wollfadens ist nicht nur praktisch, um das Gras zu einer wirkungsvollen Gestaltungseinheit zu bringen, sondern erweist sich auch als guter Kontrast. Das dünne, wollig Weiche kontrastiert mit seiner Linienführung zu den harten, spröden, breiteren Gräsern. Obwohl in die Kastenbegrenzungen ein-

Kleiner Kasten — einmal senkrecht...

Fast gleiche Farbwerte und Farbqualitäten weisen die getrockneten Fruchtformen von Nigella, Datura und Amaranthus auf.

...einmal waagrecht

Mit einem Wollfaden gebändigte Wildheit — zusammengezogenes Seegras, das sich so in den kleinen Kasten fügen läßt.

gepaßt, geht diesem pflanzlichen Gewirr nichts an Lebendigkeit verloren. Die lokker umschlungenen Fäden schnüren das Gras nur an den Endbereichen fest zusammen, so daß der Eindruck entsteht, daß die Bindungen der Aktivität der Bewegungen nicht wirklich etwas anhaben können.

In die Zwischenräume sind kleine Zapfen eingefügt, die die transparente Räumlichkeit verdeutlichen. In den Außenbereichen erscheinen sie im Zusammenklang mit hellgrau-schwarzen Flechtenstückchen, welche die innere Kastenrückwand strukturell und zugleich deckend verkleiden. Die Lebendigkeit dieser Komposition geht sowohl von den bewegten Gräsern aus als auch von der aufgegliederten Oberfläche der Kiefernzapfen.

Gestaltungsträger: zwei leichte Holzkästen; Abmessung 10 × 45 × 4 cm.
Gestaltungsmaterialien: Stechapfelfrüchte, Samenstände von Jungfer im Grünen, Abschnitte vom Gartenfuchsschwanz, Kiefernzapfen, gedrehtes Seegras, Flechtenstückchen, Wolle.
Gestaltungsart: parallel (gleichgerichtetes Nebeneinander innerhalb der Werkstoffe).
Farbigkeit: Gelb-Grün-Töne, verblichene Naturfarben, Harmonie der Nachbarfarben, Harmonie des Gleichklanges.
Farbliche und stoffliche Ausstrahlung — Stimmung: verhalten, ruhig, besinnlich, naturhaft.

Gesammeltes

Drei Stücke Holz: zwei Rindenstücke und das abgesprungene Kernstück eines zu dünnen Scheites, fand ich als hölzerne Andenken in einer halbleeren Restekiste.

Auf der Fensterbank in meinem Arbeitszimmer steht eine hohe Glasvase mit den letzten Mohnblüten des vergangenen Frühjahrs, Überbleibsel eines wunderschönen Straußes, Geschenk einer lieben Freundin, auch das Erinnerungen.

Ich schaue mich weiter um. Im Bücherregal liegt auf einem Teller die einst prächtige Cattleyablüte. Vergilbt, fast braun, hat sie noch einen Hauch der kräftigen Violettfärbung bewahrt und läßt selbst als eingetrocknetes papierähnliches Blütengebilde noch ihre einstige Vornehmheit und Kostbarkeit erkennen. Ich habe die Orchidee aufbewahrt, weil sie bereits in der Vase einzutrocknen begann, ohne ihre Form zu verlieren.

Holz, Mohn und die exotische Orchidee wollte ich zusammen in eine Gestaltung einbeziehen.

Ein offener Rahmen aus Kiefernholz sollte dabei als Gestaltungsträger dienen: Holz zu Holz gesellt sich gern — helles und dunkles Holz erweisen sich als gute Farbkontraste. Die rauhe Borke hebt sich gut von dem glattgehobelten Rahmen ab und bringt einen guten Oberflächenkontrast. Die wie Seidenpapier anmutenden Mohnblüten wurden nicht ihrer filigran ge-

Gesammeltes

Skurrile Wuchsformen, transparente Blätter und zerbrechlicher Blütenzauber begegnen starren, rustikalen Holzformen — und einem Schmetterling.

wachsenen, zart behaarten Stiele beraubt. Sie ermöglichen eine attraktive Präsentation ihrer Persönlichkeit.

Wie alle Materialien wurde auch die zerbrechliche Orchideenblüte mit Heißkleber fixiert. Sie weist nicht mehr Gewicht auf als ein Blatt Papier. Um das Gesamtbild abzurunden, wählte ich fünf Stiele des zierlichen Pfeifen-Lotos. Diese Bezeichnung haben die getrockneten Blütenböden an den filigran geschwungenen, rauhen Stielen, weil sie in ihrer Form an eine Pfeife erinnern. Braun, rustikal und holzig, passen sie gut zu meinem »Erinnerungsholz«. Die Bewegung und Länge der Stiele erweist sich als gute Wiederholung der interessanten Mohnblumen.

Als farbliche Mittler, aber auch wegen ihrer Transparenz wurden die gebleichten, skelettierten Blätter in die Gestaltung einbezogen. Ihre Stofflichkeit ist den getrockneten Blütenblättern zuzuordnen — als Blätter sind sie außerdem Elemente der Gesamterscheinung Baum, dessen Einzelfragmente Rinde und Holz in dieser Anordnung zu gänzlich neuer Betrachtungsweise herausfordern.

Vegetationsteile werden in neuen Zusammenhängen und Beziehungen in ihren individuellen Eigenheiten betont und unterliegen neuer Bewertung.

Der Schmetterling auf dem Borkenstück lag leblos auf der Fensterbank hinter einem Blumentopf. Seine zarte Zerbrechlichkeit veranlaßte mich, ihn in die Nähe der zauberhaften Mohnblüten zu setzen; da hat er nun seinen Platz — wie einst — auf einer Baumrinde.

Bei dieser Gestaltung mit so unterschiedlichen und doch ähnlichen Materialien – da pflanzliche Stofflichkeit allen gemein ist – kam es besonders auf die Transparenz des Werkstückes an. Der offene Rahmen ist hierbei der optimale Gestaltungsträger. Die zarten, zerbrechlichen Blüten und Blätter verlangen nach Freiraum und Luft. Die Räumlichkeit, die durch die Anordnung der Holzstücke vorgegeben wird, kommt der freien Darstellung der filigranen Werkstoffe sehr entgegen. Nichts berührt sich, nichts ist eingeengt. Das Transparente, luftig Leichte läßt sich darstellen und herausheben.

Die Wesenheiten der Materialien werden gezeigt und können studiert werden; Sensibles verlangt auch sensible Darstellung. Was unsere Augen und unser Empfinden in der Lage sind zu erfassen, dürfen unsere Hände nicht zerstören.

Gestaltungsträger: offener Rahmen aus Kiefernholz; Abmessung 30 × 30 cm.
Gestaltungsmaterialien: drei Holzstücke, zwei Mohnblumen, eine morbide Orchideenblüte, fünf gekrümmte Stiele Pfeifenlotos, drei Skelett-Blätter und ein Schmetterling.
Gestaltungsart: parallel (senkrechte Reihungen mit Transparenz und Schwere; gleichgerichtetes Nebeneinander).
Farbigkeit: die Familie der Brauntöne mit Übergängen zu Orange und Gelb; ein Hauch Orchideen-Violett.
Farbliche und stoffliche Ausstrahlung – Stimmung: dezent, naturhaft, zarte Natürlichkeit; rustikal, aber auch seidig transparent, auch massiv, poetisch, feinsinnig.

Zartes Saitenspiel

Das Stiefmütterchen, im Süddeutschen auch als »Tag- und Nachtschatten« bezeichnet, hat in der Blumensprache die Bedeutung »Laß mich dir gefallen«. Und wie es mir gefällt! Ich liebe diesen Frühlingsblüher mit seinen unzähligen Gesichtern.

Alljährlich, bevor die farbige Pracht auf den Gartenbeeten zu Ende geht, pflücke ich die letzten Blüten, um sie in meiner Blumenpresse für Zeiten der Entbehrung zu präparieren. Als lieber Gruß im Brief ging schon so manches Stiefmütterchen auf Reisen.

Als kleine Kostbarkeit sehe ich diese Präsentation der transparenten Bescheidenheiten. Zurückhaltend, stets in Gesellschaft gleichberechtigt nebeneinander, erfreuen sie mit ihrer Hell-Dunkel-Farbigkeit und ihrer Ausstrahlungskraft.

Die Transparenz der gepreßten, ausgesogenen Blüte, das flattrige Seidenpapierähnliche sollte angemessen verarbeitet werden. Ich habe lange überlegt, wie ich meinen kleinen Freunden den passenden Rahmen geben könnte. Und damit war er gefunden.

Ein offener Rahmen sollte zum Gestaltungsträger werden. Und gleich kam mir auch die Idee, wie ich den Rahmen auszustatten hatte, um der Transparenz und Leichtigkeit der Blüten gerecht zu werden.

Die kleinste Größe von Messingösen schraubte ich in zwei Ebenen in das weiche Kiefernholz des Rahmens. Goldfarbener Draht in Garnstärke wurde gespinstartig diagonal hin und her geführt, von Öse zu Öse, wie gespannte Saiten eines Instrumentes, und der Klang beim Streifen der Drähte verdeutlichte diesen Eindruck.

Behutsam und mit äußerster Vorsicht fügte ich nun die einzelnen Blüten zwischen die gespannten Drähte, denn sie können wie scharfe Messer wirken, schiebt man die zarten Gebilde nicht langsam und mit Bedacht in das Gefüge. Da die Drahtverspannungen in zwei Ebenen verlaufen, entsteht eine Tiefenwirkung.

Ein Tröpfchen farbloser Nagellack heftet das Blütenblatt an einen tragenden Draht, so daß es sich nicht mehr verschieben kann. Goldfarben und edel schimmernd, verstärkt der Draht die Kostbarkeit der Gestaltungselemente. Wie eingefangene Schmetterlinge, aber dennoch in Freiheit, erscheinen die wie ohne fremde Hilfe gehaltenen Stiefmütterchen schwebend, fliegend.

Zartes Saitenspiel

Goldfarbene Drahtverspannungen und die letzten Stiefmütterchen des vergangenen Frühjahrs glänzend in Erinnerung gebracht.

Gestaltungsträger: offener Rahmen aus Kiefernholz; zwischen Messingösen gespannter Draht; Abmessung 30 × 30 cm.
Gestaltungsmaterialien: gepreßte Stiefmütterchen.
Gestaltungsart: parallel (unregelmäßige Streuungen in gleichgerichteter Anordnung).

Farbigkeit: Hell-Dunkel-Kontraste; Cremeweiß, Tintenblau, Blau mit Aufhellungen und Abdunkelungen, Gelb, Violett in Schattierungen.
Farbliche und stoffliche Ausstrahlung — Stimmung: kostbar, edel aber dennoch bescheiden, heiter, leicht, freundlich, unbeschwert.

Floral-Collagen

Der aus dem Französischen stammende Kunstbegriff »Collage« bezeichnet die Technik eines Montagebildes aus geklebten Einzelteilen, meist Papier oder ähnlichem Material. Pablo Picasso zählt zu den bekanntesten Vertretern dieser Bildtechnik in der modernen Kunst.

Die Floral-Collagen werden in einer Mischtechnik gearbeitet: In der Kombination aus Gemaltem und aufgeklebten Materialien. Damit sind sie eine Weiterentwicklung der dreidimensionalen Materialbilder, wie sie bisher in diesem Buch vorgestellt wurden. Vom plastischen oder reliefartigen Bild aus Pflanzlichem zur bildlichen Gestaltung sind es nur wenige Schritte.

Diese Weiterentwicklung basiert auf Gestaltungsüberlegungen hinsichtlich einer noch bewußteren und sensibleren Werkstoffdarstellung, nämlich um stoffliche Eigenschaften, das Wesen, Linien und äußere Strukturen mit dieser Gestaltungsmaßnahme sichtbar zu machen.

Fast wie unter einem Mikroskop können so selbst winzige Besonderheiten wahrgenommen werden. Fragmente von Pflanzen oder Mineralien gelangen durch behutsames Anordnen und das Inbeziehungsetzen zu Farbe zu völlig neuem Wert, neuer Aussagekraft, neuem Anspruch und erfordern eine neue Betrachtungsweise. Natur kann so feinsinnig erlebt und empfunden werden wie kaum in anderen Gestaltungsbereichen.

Die Darstellung organischer oder nichtorganischer Materialien in der Collage kann so unterschiedlich sein wie in den bisher vorgestellten Bildern; dekorativ, vegetativ, landschaftlich, abstrakt, grafisch. Bei dieser Gestaltungsweise werden Farben und Formen in Zusammenhang gebracht; beide bedingen einander.

Die Berücksichtigung des farblichen Hintergrundes führt zur Gestaltung; angestrebt wird ein harmonisches Zusammenspiel oder eine kontrastreiche Begegnung von Vorder- und Hintergrund.

Für den Bildhintergrund sollte bevorzugt Karton (farbig und neutral hell) oder Aquarellpapier gewählt werden. Da Papier die Feuchtigkeit besser aufnimmt und die Farbe dadurch plastischer und intensiver erscheint, ist ihm der Vorzug zu geben.

Als Farben werden Wasserdeckfarben verwendet, sogenannte Gouache-Tempera-Farben. Diese zeichnen sich durch sehr farbintensives Decken aus und sind außerdem nicht so sehr fein pigmentiert wie andere Deckfarben.

Der Bildhintergrund kann farblich gestaltet werden durch Anstreichen, Aquarellieren, Besprühen, Spritzen, Walzen sowie Be- und Abdrucken. Beim Anstreichen wird die Farbe mehr oder minder gleichmäßig auf dem Hintergrund verteilt, dies kann partiell oder ingesamt geschehen.

Beim Aquarellieren, dem Malen in Wasserfarben, kann der Untergrund angefeuchtet werden, was beim Auftragen der Farbe zu zufälligen Farbverläufen führt. Wird die Farbe hingegen auf trockenes Papier oder Pappe gebracht, geht die Gestaltung vom geführten Pinselstrich aus.

Zum Besprühen und Spritzen werden Farben aus einem Sprühbehälter, meistens Dosen, verwendet. Der Farbauftrag kann transparent oder deckend, intensiv, aufgehellt oder abgedunkelt sein.

Farben können auch mit Walzen aufgetragen werden; kleine Gummiwalzen, wie sie zum Linoldruck verwendet werden, oder Kunststoffwalzen, wie sie zum Andrücken von Tapetennähten gebraucht werden, sowie kleinste Lammfell- oder Schaumstoffrollen sind denkbar. Die zu verteilende Farbe sollte möglichst zähflüssig sein, um einen interessanten, filigranen Farbabdruck zu erzielen.

Hintergründe können auch durch Bedrucken belebt werden. Stempel aus Kartoffelstücken oder Korken sind denkbar einfache Farbverteiler und Strukturträger.

Beim Abdrucken wird ein entsprechender Farbträger benötigt, auf dem die Farbe aufgetragen wird. Holzbrettchen oder Glasplatten, aber auch gewebte Strukturen sind die geeigneten Hilfsmittel für diese Technik. Die Farbverteilung auf dieser »Druckplatte« entscheidet bereits über das angestrebte Ergebnis.

Bei Verwendung einer Glasplatte wird die gewünschte Farbe mit dem Pinsel aufgetragen; hier beginnt bereits die Gestaltung. Zur erforderlichen gleichmäßigen Befeuchtung der Farben hilft ein Wasserzerstäuber. Alsdann sollte das Papier oder der Karton auf die Platte gelegt werden, bevor die Farben wieder antrocknen.

Bereits kurz nach dem Auflegen kann das zu bedruckende Material wieder entfernt werden. Das geschieht durch vorsichtiges Anheben einer Seite, so daß zufällige, interessante Farbverläufe entstehen. Diese geben den Anreiz, die entstandenen Farbmuster mit floralen und nichtfloralen Materialien zu unterstreichen oder zu ergänzen.

Unentbehrliches Hilfsmittel beim Anordnen der Materialien ist eine Pinzette. Alle stofflichen Gestaltungselemente werden sorgfältig mit Heiß- und Sprühkleber, Leim oder Klebstoff aus der Tube fixiert. Auf diese Weise wird ein späteres Verrutschen verhindert und der feste Kontakt zum Hintergrund ist garantiert.

Dem Gestalter wird hierbei präzises und äußerst sauberes Arbeiten abverlangt, denn hinter Glas gerahmt, wird jede Unsauberkeit überdeutlich sichtbar.

Der Fächer der Tulpenfrau

Das ist vielleicht ein eigenartiger Titel für ein Bild, für eine Floral-Collage wohl erst recht. Ich will erklären, wie ich zu dieser Benennung kam.

Als ich die fertiggerahmte Collage in Händen hielt und betrachtete und mich über das Entstandene freute, fielen mir zwei Materialien besonders auf: Wie ein zusammengeklappter Fächer erschien mir das dunkelfarbige Fragment von Kokosfaser, fast im Zentrum angesiedelt. Gleich daneben sind die Überbleibsel einer verblühten, verdorrten Papageientulpe. Lediglich drei Blütenblätter, deren Farbigkeit beim Eintrocknen kaum verlorenging, wenige Staubgefäße, Griffel und Narbe als wichtige Bestandteile der Blüte, sind deutlich erkennbar. Mit dieser Tulpe erhält die sonst eher in Braun-Beige-Olivgrün angesiedelte Zusammenstellung die einzig aktive Farbe. Also: Fächer und Tulpe? — Fächer und Frau? — Das paßt eher zusammen. Daraus bilde ich »Fächer der Tulpenfrau«. Das klingt nicht nur gut, sondern dieser Titel enthält auch das Phantasievolle, das einer solchen floralen Gestaltung zugestanden und auch aus ihr abgeleitet werden sollte.

Der durch Abdrucktechnik entstandene farbige Hintergrund mit seinem verästelten Farbverlauf geht eine regelrechte

In einem farblich dezent abgestimmten, sehr zurückhaltenden Rahmen werden Floral-Collagen besonders ansprechend präsentiert.

Eine Komposition für suchende Augen: Gibt es einen passenderen Titel als den gewählten?

Symbiose mit den vegetativen Werkstoffen ein.

Die skelettartigen Korallen und das verästelte Islandmoos nehmen in plastischer Gestalt den filigranen Hintergrund auf; Gleichheiten werden hier gesucht, übereinander in Position gebracht und als Einheit verdeutlicht. Farben werden umgesetzt in Form und Struktur; Florales wird zum Ausdrucksträger, zum Interpreten der vorgegebenen Farbsituation und deren Wirkung.

In Blattoberflächen und Blattnerven wiederholt sich Abgedrucktes. Aus ihrem natürlich gewachsenen Zusammenhang gelöste Pflanzenteile werden ohne ihre gewöhnliche Umgebung auf völlig neue Weise betrachtenswert.

Gestaltungsträger: weißliches Aquarellpapier mit farblichem, strukturiertem Abdruck versehen; Abmessung des Passepartout-Ausschnittes 40 × 23 cm; Bilderrahmen 50 × 60 cm.
Gestaltungsmaterialien: Ahorn- und Eukalyptusblatt, unvollständige Tulpenblüte, Akazienschote, Kokosfaser, Islandmoos, Immortellenblüten, Tillandsia-Fäden, Koralle.
Gestaltungsart: impressionistisch: nicht die Wirklichkeit, sondern die wirkliche Gestaltung offenbart sich.

Farbigkeit: Ockertöne, Braun, Olivgrün, Blauschwarz, Blaugrau, Rot.
Farbliche und stoffliche Ausstrahlung — Stimmung: lyrisch, geheimnisvoll, besonnen, verhalten.

Feuerpfeile

Die vorgegebene, lebhaft orange-rot-braune Farbe des Hintergrundkartons mit seinen farbaktiven Abdrucken verlangt nach ebensolcher Belebung durch vegetatives Material.

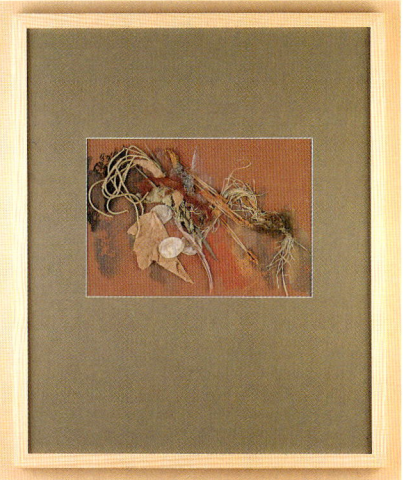

Feuerpfeile

Der Rahmen darf das Geschaffene nicht einengen — ein großzügig gewähltes Passepartout garantiert eine neutrale Umgebung, welche für die Betrachtung von Wichtigkeit ist.

Wärme und Aktivität sind wahrnehmbar — Farben erzeugen Reaktionen.

Wie losschnellende Pfeile schießen im Zentrum orange eingefärbte Blütenteile der Königsprotea aus der Bildschwere des unteren rechten Bereiches. Diagonal zum flammenden Hintergrundabdruck durchqueren sie mit noch mehr Aktivität den belebten Rotbereich. Dunkelrote Vliesfasern bleiben wie ein lastender Schweif zurück und umnebeln mit ihrer Stofflichkeit alles Arglose, Konventionelle, wie das halbierte Ahornblatt, einige Silberlinge, zwei Grevilleablätter, ein zerknülltes, grünliches Fuchsschwanzblatt und gebleichte Guzano-Triebe. Bastfasern mit winzigen, orangefarbenen Fetzen aus Seide scheinen den Weg für die Geschosse freizumachen.

Aus dem dunkleren, kompakten Bereich ins Freie, Aufgelöste durchstoßend wie Feuerpfeile, erlebt der Betrachter diese von Natur aus eigentlich bescheidenen, unauffälligen Blütenteile.

In der vollkommenen Blüte der Königsprotea gar nicht recht in Erscheinung tretend, übernehmen diese eigentlich winzigen Pflanzenteile durch ihre Isolierung den wichtigsten und aktivsten Part in dieser Gestaltung und erfahren so eine Darstellung, ohne die sie niemals diese Beachtung finden würden.

Gestaltungsträger: orange-rot-brauner Karton mit farblich strukturiertem Abdruck. Abmessung des Passepartout-Ausschnittes 40 × 23 cm; Bilderrahmen 50 × 60 cm.

Gestaltungsmaterialien: »Feuerpfeile«, bestehend aus einzelnen Staubgefäßen aus der Blütenmitte der Königsprotea; Bastfasern und etwas orangefarbene Seide; drei Silberlinge und die halbe Blattspreite eines Ahornblattes, zwei Grevillea-Blätter, skurrile Triebe von Guzano; ein zusammengekräuseltes Blatt des Gartenfuchsschwanzes, dunkelrote Vliesfasern.

Gestaltungsart: impressionistisch: nicht die Wirklichkeit, sondern die wirkliche Gestaltung offenbart sich.

Farbigkeit: aktive Farben: orange, bräunlich; passive Farben: blaßblau, schwarzgrau, schwarz; Aktiv-Passiv-Kontrast.

Farbliche und stoffliche Ausstrahlung — Stimmung: beunruhigend, heftig, aktiv, zielstrebig, fliehend — Verhaltenes zurücklassend.

Gestaltungsträger werden zu Gestaltungsmitteln

Bunte Bambuskoordinaten

Buntes drückt Gelöstheit, Unbeschwertheit aus. Buntes muntert auf, stimmt vergnüglich. Daß Farben unser Wohlbefinden beeinflussen, sogar unsere Gemütsverfassung widerspiegeln können, ist bekannt. Farben besitzen Ausstrahlung.

Ausstrahlung geht auch von dieser eigenwilligen Gestaltung aus: Rot, orange, gelblich, grünlich und grün gefärbte Bambusstäbe unterschiedlicher Stärke und Länge liegen mehr oder minder dicht beisammen, über- und untereinander angeordnet. Melierte, dickere Wollfäden binden die Kreuzungspunkte zusammen, und es entsteht ein unregelmäßiges Gitter, ein Koordinatensystem aus verschiedenen Bambusstäben.

Fast quadratisch und durch seine Geometrie ruhig und ausgewogen, wird diese Bambuskonstellation diagonal von mehrfarbigen Wollfäden wirkungsvoll überspannt. Als regelrechte Störung kann diese Ausbreitung empfunden werden. Die ruhig gegliederte Unterform erfährt die

Wie in einem eiligen Verfolgungsrennen schießen verschiedenste Blätter in Gleichgerichtetheit auf vorgebenen Bahnen auseinander.

ungeheure Aktivität der sich wie Strahlen ausbreitenden Wollfäden.

Unterschiedlich geformte und gefärbte Blätter sind zwischen parallel verlaufende Fäden eingeschoben und verdeutlichen die Richtung der Strahlen. Trotz seiner Transparenz und Leichtigkeit besitzt diese aufgearbeitete Gestaltungseinheit so viel Gewicht, daß sie über das Bambusgerüst dominiert. Dünne Wollfäden und bis zur Transparenz fein strukturierte Blätter vermögen eine Konstruktion aus massiv erscheinenden Stäben zu beherrschen.

Sollte das Zufall sein oder gestalterisches Vermögen? Ich denke, selbst wenn es zufällig zu einem solch geglückten Ergebnis kommen sollte, führte die Auseinandersetzung mit dieser expressiven Wirkung unweigerlich zu Überlegungen, die das bewußte Gestalten in Ursache und Wirkung zerlegen.

Es wird begreiflich, welche Ausdrucksmöglichkeiten und -fähigkeiten unsere Materialien besitzen und welche Chancen uns geboten werden, mit bewußtem, zielgerichtetem Tun unserer Kreativität zum Ausdruck zu verhelfen.

Einfach nur Dachlatten — längs und quer

Bretter mit verschieden geformten und strukturierten »Lastigkeiten« ausgestattet — das optische Gleichgewicht muß stimmen.

Gestaltungsträger: gefärbte Bambusstäbe unterschiedlicher Stärke und Länge; Abmessung 85 × 85 cm.
Gestaltungsmaterialien: Bambusstäbe, Blätter, Wolle.
Gestaltungsart: parallel (strahlig gefächert, gleichgerichtete Anordnung der Werkstoffe).
Farbigkeit: bunt: rot, orange, gelb, grün, beige; Komplementär-Kontrast, Harmonie der Nachbarfarben.
Farbliche und stoffliche Ausstrahlung — Stimmung: heiter, fröhlich, ausgelassen, beschwingt, expressiv, aktiv, ungehalten.

Einfach nur Dachlatten — längs und quer

Die Gestaltungsträger erscheinen simpel und unproblematisch in der Handhabung. Aber liegt erst einmal ein solch zusammengenageltes Grundgerüst aus einfachen, naturbelassenen Dachlatten vor einem auf dem Arbeitstisch, so ist es dann doch gar nicht so einfach, mit einer Gestaltung zu beginnen.

Welche Materialien sollten ausgewählt werden, damit sie mit der vorgegebenen Unterform und auch in der Kombination harmonieren? In welcher Weise können die formierten Bretter in Erscheinung treten, welche Bedeutung wird ihnen zugemessen? Alles das sind wichtige Vorüberlegungen.

Nun zur Gestaltung: Die Bretter sollten als wirkungsvolle Gestaltungsträger sichtbar bleiben und gleichberechtigt mit den aufgearbeiteten Werkstoffen in Erscheinung treten. Welche Werkstoffe lassen das zu, ohne in ihrer eigenen Erscheinung gemindert zu werden? Farblich und formal sollten sie sich voneinander unterscheiden und die Unterform nicht überdecken, aber auch nicht in Konkurrenz dazu auftreten.

Mehr grafisches als körperhaftes Material erweist sich für diese Gestaltung als vorteilhaft. Wie überdimensionale dunkelbraune Finger erscheinen die exotischen Palmtriebe. In wirkungsvollem Kontrast zu den Schlangenformen stehen die fein aufgegliederten und an Algen erinnernden sattgrünen Sprosse von Guzano (*Brahea dulcis*).

Unterstützt in ihrer grünen Farbe, jedoch in wesentlich dunklerem Ton, werden sie von den porösen, rauhen Meerschwämmen (*Hyatella intestinalis*).

Sie stellen mit ihren körperhaften, vielgliedrigen Formen die Verbindung zu den pelzigen, ockerfarbenen Früchten des Affenbrotbaumes *(Adansonia)* her. Als kompakte Schwerpunkte trotzen diese allem Linearen, Filigranen. Wie optische Bremser stellen sie den Gegenpol dar zu den hauptsächlich senkrecht angeordneten Werkstoffen. Auch ihre matte Farbigkeit vermittelt zwischen der hellen, hölzernen Unterform und den verschiedenen Formen darüber.

Transparentes Jutegewebe, in seiner Farbgebung unauffällig und mit seiner Umgebung harmonierend, verbindet gewunden und geknotet alle Gestaltungseinheiten miteinander. In der Struktur dem aufgegliederten grünen Guzano ähnlich, schafft das Gewebe die farbliche Verknüpfung, ja eine regelrechte Verknotung mit den Holzlatten.

Wird ein Gestaltungsträger zum gleichberechtigten Gestaltungsobjekt, wie hier geschehen, und geht eine Gestaltung somit gleichrangig ein, ist das Werkstück von besonderer Überlegung geprägt.

Gestaltungsträger: Dachlatten; Abmessung 140 × 80 cm.
Gestaltungsmaterialien: Früchte des Affenbrotbaumes *(Adansonia)*, Meerschwämme *(Hyatella intestinalis)*, Palm-Male *(Borassus flabellifer)*, Guzano *(Brahea dulcis)*, Jutegewebe.
Gestaltungsart: parallel (rhythmische Bewegungen und Verdichtungen).
Farbigkeit: satter Braunton mit Aufhellungen, dunkles Grüngelb, tiefes Dunkelgrün.
Farbliche und stoffliche Ausstrahlung — Stimmung: gedämpft, dynamisch, rustikal, natürlich.

Fries- oder Reliefgestaltungen

Der Fries, eigentlich ein Gesimsstreifen im ursprünglichen Verständnis, wie auch das Relief als über eine Fläche hervortretendes Bildwerk, sind zu gebräuchlichen Bezeichnungen in der Floristik geworden. Mit beiden Begriffen wird eine Gestaltungsmöglichkeit umschrieben, die sich durch flächiges Miteinander vegetativer und möglicherweise auch nichtvegetativer Materialien auszeichnet.

Charakteristisch für sie ist, daß die räumliche Ausdehnung in nur eine Richtung geschieht. Die zu verarbeitenden Werkstoffe sollten möglichst unterschiedliche stoffliche Qualitäten und Formen aufweisen. Die Wirkung von Strukturen, Texturen und Formen beeinflußt das Gestaltungsergebnis in hohem Maße.

Die Werkstoffanordnung ergibt sich oftmals bedingt durch die Wesenheit des Materials von ganz alleine. Wichtig ist, daß markante Formen oder Strukturen ihrem Anspruch gemäß Berücksichtigung finden. Feingliedriges, Zusammengesetztes wie verschiedene Blütenstände, Flechtenformationen, Moose oder Gewebe verlangen hingegen nach gesammelter, zusammenführender Anordnung, um als Gestaltungseinheit zu optischer Wirkung zu gelangen.

Solche Gestaltungselemente werden zu Flächen oder richtigen Flecken zusammengefügt; ihre Einzelformen ergänzen einander in einer eher ebenmäßigen Formierung, so daß auch farbliche Schwerpunkte erzielt werden können.

Lineares, Rankendes, Windendes, Raumgreifendes, Filigranes oder auch Gespinste sollten ihrem Wesen und ihrem Geltungsanspruch gemäß eingesetzt werden. Leichtes kann sich über Schweres oder Kompaktes erheben, es umgreifen, umgeben, überziehen. Verbindungen einzelner Elemente sind denkbar, ebenso zielgerichtetes Hinweisen mittels bewegten Materials.

Ein Fries oder ein Relief kann durch Reihungen unterschiedlicher Materialien — mit und ohne Wiederholungen — gestaltet werden. Auch durch mehr oder weniger regelmäßige Streuungen oder durch die Kombination unterschiedlicher Strukturflächen erzielt der Gestalter differenzierte Ergebnisse.

Als Gestaltungsträger dienen meistens einfache, flache Bretter, Latten oder Platten aus Holz. Entweder werden die Materialien mit Heißkleber direkt auf dem Untergrund fixiert oder in Trockensteckmasse gesteckt, oder durch Haften darauf befestigt. Verschiedene Techniken sind nebeneinander denkbar, wie sie der materialgerechten Verarbeitung am besten entsprechen.

Die majestätische Silberdistel

Als majestätisch läßt sich diese prächtige Kulturform der Silberdistel in ihrer Ausstrahlung und Aussagekraft beschreiben. Als dekorative Einzelform beherrscht sie, obwohl nur im linken Drittel der Gestaltung angesiedelt, das gesamte Arrangement. Eine zentrale Position würde sie wie eine Brosche erscheinen lassen, nicht wie ein vegetatives Element, das in diese flächige Materialanordnung hineinreicht und übergreift.

Flächige Gegengewichte erfährt die Silberdistel in den fast kreisrunden, geschlossen gerandeten Hoja-Blättern. Mit

ihrer ledrig erscheinenden Oberfläche präsentieren sie sich als ausgleichender Untergrund zu allem Aufgearbeiteten. Calyx-Pilze, wie gewachsene Näpfe in ihrer Erscheinung, gleichen sich farblich den dunklen Lotosfruchtständen mit ihren Krateraushöhlungen an, aber auch den rauhen, kugeligen Platanenfrüchten. Verspielt hängen diese an ihren langen Stielen und baumeln mit einer Leichtigkeit übereinander, daß man meinen könnte, sie fielen gleich herunter.

Die gezackten, aggressiven Blätter der alles beherrschenden Silberdistel verteilen sich über die gesamte Flächenstruktur. Zu verbinden und überzuleiten ist ihre Funktion. Sie beleben die aus sammelnden Formen bestehende Friesgestaltung, verleihen ihr Leichtigkeit und tragen zur Auflösung einer entstandenen Kompaktheit bei.

Gestaltungsträger: einfache Holzlatte; Seitenlänge 75 cm.
Gestaltungsmaterialien: eine Silberdistel (Kulturform), Lotosfruchtstände, Platanenfrüchte, Hoja-Blätter, Calyx-Pilze.
Gestaltungsart: parallel, vegetativ im Ausdruck (Reihung und Gruppierung).
Farbigkeit: Braun- und Beigetöne; Harmonie der Nachbarfarben.

Farbliche und stoffliche Ausstrahlung — Stimmung: rustikal, naturhaft, spannungsreich.

Lederne Pflanzlichkeit

Beim Befühlen der dunkelpräparierten Magnolienblätter meine ich, ein Stück Wildleder zwischen den Fingern zu haben. Die aufgerauhte, samtige Blattunterseite entspricht der Fleischseite, die glatte, harte, der Fellseite von Leder.

Die dunkelrot-braunen, geschwungenen Schoten des Lederhülsenbaumes lassen schon durch ihre Namensgebung den Gedanken an Leder aufkommen. Die Schoten durchschlängeln ihrem Wesen gemäß alle übrigen mehr oder weniger stark in Erscheinung tretenden Materialien. Die fast schwarzen Magnolien-Blätter sind in straff geordneter Senkrechtstellung fixiert.

Nevada Moos wie auch die spröden Hortensienblüten sind als Gemeinschaftsformen arrangiert und damit wesensmäßig verarbeitet. Ihre diffusen Einheiten werden kontrastiert durch runde, sammelnde Formen, wie sie die Mohnkapseln verkörpern. Auch weißliche Strohblu-

Die majestätische Silberdistel

Strahlend erhebt sich die dominierende Silberdistel; auch wenn ihre Erscheinungsform wenige ihrer aggressiv gezackten Blätter eingebüßt hat, so wurden sie dennoch wirkungsvoll verarbeitet.

Lederne Pflanzlichkeit

Die schlängelnden Bewegungen der ledrigen Schoten nehmen den dunklen, senkrechten Gestaltungsmitteln Strenge und Gewicht.

men, als strahlige Tupfen, bereichern durch ihre anders aufgegliederte Form die Gesamtgestaltung.

Dieses Relief erscheint in starker horizontaler Bewegung. Sind es nun die dunklen, wie mahnend im Rhythmus entgegentretenden, vertikal aufgeklebten Magnolienblätter, die eine körperhafte Gegenbewegung benötigen, wie sie die rotbraunen Schoten anbieten, oder sind es die Schoten, die einen ruhenden, kontrastreichen Gegenpol benötigen?

Die Materialien bedingen einander; sie benötigen sich gegenseitig zur Harmoniefindung. Die Materialien ergänzen sich und führen somit zu einer Gestaltungseinheit.

Gestaltungsträger: einfache Holzlatte; Seitenlänge 100 cm.
Gestaltungsmaterialien: präparierte, schwarzblaue Magnolienblätter, Schoten des Lederhülsenbaumes *(Gleditsia triacanthos)*, Mohnkapseln, Nevada Moos *(Eriogonum caespitosum)*, Hortensienblüten, Strohblumen.
Gestaltungsart: parallel (Reihung mit Artengruppen).
Farbigkeit: Hell-Dunkel-Kontrast; Dunkelrot-Braun, Weinrot, Schwarzblau, Grau-Weiß, Ocker.
Farbliche und stoffliche Ausstrahlung — Stimmung: bewegt-verhalten, mystisch, gedämpft, zurückhaltend mit Ausbrechern.

Faserig durchdrungen

Kokosfasern in ihrer verworrenen, transparenten, filigranen Textur umkleiden den Gestaltungsträger und durchdringen die in Beziehung gesetzten Werkstoffe.

Wie abwehrende Schilde demonstrieren matt-fahle, spröde Blätter ihre Trutzhaftigkeit. Wie Distanzhalter zur Wand schirmen sie die in Kolonien zusammengefügten Calyx-Pilze ab. Mutig und aktiv zeigen sich die zufälligen Bewegungen der getrockneten Blütenstiele der Schlauchpflanze *(Sarracenia)*. Sich windend, in Unruhe, durchschlängeln sie die Räumlichkeit der Gestaltungsmaterialien.

Irgendwie vermögen sie sich jedoch nicht gegen das faserige Gewebe der Kokosmatte durchzusetzen. Diese schirmt mit ihrer allgegenwärtigen Erscheinung und Durchdringung jeden gegen sie und die Blätter gerichteten Zugriff ab.

Als fortlaufendes Band mit unterschiedlichsten Strukturen verschafft die Kokosmatte der Gestaltung harmonische Ausstrahlung, farbliche Kontinuität und Äquivalenz.

Gestaltungsträger: einfache Holzlatte; Seitenlänge 100 cm.
Gestaltungsmaterialien: Kokosfasergewebe, eiförmige Blätter, Calyx-Pilze, getrocknete *Sarracenia*-Stiele.
Gestaltungsart: parallel, in vegetativer Durchdrungenheit (Reihung mit Verdichtung und Auflösung).
Farbigkeit: Harmonie der Nachbarfarben, Harmonie der kleinen Kontraste; Braunfamilie mit Aufhellungen und Abdunkelungen, Ockertöne, fahles Olivgrün.
Farbliche und stoffliche Ausstrahlung — Stimmung: rustikal, naturhaft, aktiv-passiv im Wettstreit, bewegt und verhalten.

Eine Kuhglocke — »Made in Switzerland«

Wer Bergtouren macht, kennt das Glockengeläut der Kühe auf den Hängen. Das gehört zur Bergatmosphäre und belebt auf unbeschwerte Weise die majestätische, wohltuende Stille.

Solche Glocken werden im Tal als Nachbildung den Touristen zur Erinnerung angeboten, geschmückt mit Bändern, versehen mit künstlichem Edelweiß und Enzian.

Eine echte Kuhglocke habe ich in einem urigen Schweizer Haushaltswaren- und Eisengeschäft in Küsnacht gekauft. Allein der Laden lud schon zum Betreten ein. Zu Hunderten standen dort die Glocken im Regal. Eine davon, eine kleine, sollte mich nach Hause begleiten.

Links: Eine Kuhglocke — »Made in Switzerland«

Ländliche Atmosphäre, verhaltene Herbststimmung vermittelt dieser gestaltete Glockenstrang; die Glocke als sammelnder Schwerpunkt bedarf einer aufgegliederten, bewegten Aufhängung.

Linke Seite: Faserig durchdrungen

Aufgelöste Pflanzlichkeit: Kokosfasern in unterschiedlicher Dichte verdecken nicht nur den Gestaltungsträger, sondern durchziehen gleichsam wirksam die in Beziehung gesetzten Materialien.

Eine Glocke muß hängen, sie muß läuten können, ihre Funktion ausüben. Also entschloß ich mich, sie mit einem »zünftigen« Strang zu versehen. Ein Streifen grober Jute und ein roher, derber Sisalstrick bieten die geeignete Aufhängung. Ineinander verdreht und verknotet, ist eine interessante Unterform geschaffen.

Denkt man an Landwirtschaft, so denkt man auch an Getreidefelder, an darin blühende Unkräuter, an Sonnenblumen und auch an Fasane, die, aufgescheucht, über Feldwege fliehen.

Alle diese Gestaltungsmaterialien wurden dem Sisalwulst beigegeben. Die windenden Bewegungen des Strickes nutzend, war es einfach, Fasanenfedern, Getreidebüschel, Sonnenblumenköpfe und Unkräuter dahinter zu schieben und zu befestigen. Zusätzlich wurden sie mit Heißkleber fixiert.

Die runden Scheiben der Sonnenblumenköpfe verleihen der Gesamtgestaltung einige Fixpunkte und damit Schwere und Zusammenhalt. Die Federn stecken schmal nach oben und nach unten darin.

Die mit Naturbast zusammengebundenen Ährensträußchen brechen, wie die Federn, aus der strengen Vertikalen aus und bereichern durch ihre gefächerte, transparente Breite. Feine Unkräuter und filigrane Blütenstände von Kletterhortensien ergänzen mit ihrer neutralen Farbigkeit das Gestaltete.

Ländliche Natürlichkeit bestimmt die Ausstrahlung dieses Werkstückes — Erinnerungen an warme Herbsttage werden wachgerufen.

Gestaltungsträger: Strang aus Jute und Sisalschnur, Kuhglocke, Länge 100 cm.
Gestaltungsmaterialien: Sonnenblumenfruchtstände, Ackerunkraut, Kletterhortensienblüten, Getreidebüschel aus Weizen, Fasanenfedern.
Gestaltungsart: dekorativ (Gruppierungen mit grafischen Akzenten).
Farbigkeit: Harmonie der Nachbarfarben, Goldfarben, Ocker-Beige-Töne, aufgehellte Brauntöne.
Farbliche und stoffliche Ausstrahlung — Stimmung: rustikal, natürlich, ruhig, verhalten, romantisch, herbstlich.

Bögen und Girlanden

Herbstliche Impression in Bogenform

Dem schmückenden Wert einer Fries- oder Reliefgestaltung nahestehend, bietet die bogenförmige Anordnung von Gestaltungsmitteln eine mögliche Alternative.

Der Gestaltungsträger kann ganz individuell mit einfachen Mitteln selbst gestaltet werden, wenn man nicht auf die im Handel angebotenen Formen zurückgreifen möchte, bei denen es sich meistens um Steckschaumvorlagen handelt, in die auf bequeme Art und Weise alle ausgesuchten Materialien hineingesteckt, aufgeheftet oder geklebt werden können.

Wesentlich preiswerter ist es, die Unterform selbst zu erstellen. Eine stärkere Pappe oder ein Karton sind ideale Unterlagen, auf denen mit Heißkleber einige Stückchen Trockensteckmasse befestigt werden.

Auch ein einfacher hölzerner Kleiderbügel kann zum Gestaltungsträger werden. Die Materialien werden entweder mit Wickeldraht darauf gebunden. Das ist bei Verwendung von Buchsbaum oder Koniferengrün leicht zu machen. Andernfalls werden schmale Abschnitte von Steckmasse mit Hilfe von Heißkleber auf dem Bügel angebracht. Moosfasern, mit Draht aufgewickelt, sind ebenfalls denkbar, um den angedrahteten Schmuckelementen Halt zu geben oder der hölzernen

Wie hineingewachsen – so erscheint das gedrehte Holzstück. Bewegung und Wuchsrichtung sollten stets beobachtet werden, damit sie ihrem Geltungsanspruch gemäß eingesetzt werden können.

Unterform zu mehr Volumen zu verhelfen.

Für den hier abgebildeten, stark gekrümmten Bogen wurde ein halbierter Kranzkörper verwendet. Mühelos läßt sich eine mit Steckmasse versehene Öko-Kranzunterlage durchtrennen. Die Unterform, aus einem braunen Pappgemisch bestehend, erweist sich hierbei sogar als Gestaltungsträger, der seitlich durchaus sichtbar bleiben kann, denn er paßt zu den aufgearbeiteten, rustikal wirkenden Materialien.

Das interessant gewundene Holzstück eine Rebstockes durchzieht die vorgegebene Unterform und folgt ihrem Verlauf. Getrocknete Hortensienblüten und gesammeltes Moos decken den synthetischen Untergrund auf wirkungsvolle Weise ab. Mit Haften befestigt, bewahren sie ihre lockere Erscheinungsform.

Massive, deutlich hervorgetretene Fruchtnachbildungen aus mattem Pappmaché setzen deutliche Akzente. Farblich korrespondieren sie mit den spröden Hortensienblüten und auch stofflich harmoniert die puderige, morbide Oberfläche mit ihnen und allen übrigen künstlichen Elementen. Pflaumen nachempfunden, fügen sich gewachste blaurote Fruchtformen neben mehlig matte Strukturen und zu herbstlichen, gedeckten Farben. Transparente Partien vom Skelett- oder Korallfarn überziehen netzartig das Arrangierte.

Die Assoziation zum Altweibersommer liegt nahe: eine Gestaltung mit Früchten, als seien sie einem Erntekorb entnommen, als Reminiszenz an die letzten warmen Tage der fruchtbringenden Herbstzeit.

Gestaltungsträger: halbierte Kranzunterlage mit synthetischer Trockensteckmasse; Durchmesser 50 cm.
Gestaltungsmaterialien: Fruchtnachbildungen aus Pappmaché, Hortensienblüten und Moos, Korallfarn-Triebe, gewundenes Rebholz.
Gestaltungsart: dekorativ (unregelmäßige gemischte Streuungen und Verflechtungen).

Farbigkeit: gedämpfte Herbstfarben: Blau-Rot, Blau-Violett, Rot-Oliv, Ocker-Oliv, Braun; Harmonie der kleinen Kontraste.
Farbliche und stoffliche Ausstrahlung — Stimmung: herbstlich, ländlich-naturhaft, gedämpft, verhalten, beschaulich.

Im Bogen verborgen

Formal die geschwungene Bewegung des holzumkleideten Nischenbogens aufnehmend, wirkt diese Gestaltung durch ihre edle Zurückhaltung. Als stimmungsvolles Stilleben, das gemütliche Ruhe ausstrahlt, unterstreicht es die Atmosphäre dieses Raumbereichs.

Alle Gestaltungselemente sind mit ihren eigenen Stielen oder gehaftet auf einer fertig gekauften Unterlage befestigt. Die getragen herabhängenden Formen des rot-verblaßten Gartenfuchsschwanzes vermitteln durch ihre Passivität Ruhe und Ausgeglichenheit.

Zwei cremefarbene, gewachste Rosen aus Papier sowie eine in dunklem Türkis bilden edle Akzente zwischen dunkelfarbenen Hortensienblüten, rot geranderten Gartendisteln und rot-orange gefärbten Dudinea-Flügelschoten.

Flächige, braun-olivfarbene, ledrige Galax-Blätter beruhigen ihre feingliedrige Umgebung. Spielerisch umzieht eingetrocknetes Seegras mit seinen gedrehten Bewegungen die sich ergänzende Formenvielfalt.

Fast nostalgisch ist der Ausdruck der verwendeten Rosen. Sie auszuwählen, war eine gute Entscheidung, denn sie harmonieren in hohem Maße mit den schweren Bronzeleuchtern und den darauf befestigten, nach Bienenwachs duftenden Kerzen.

Gestaltungsträger: Bogenform aus synthetischer Steckmasse, Abmessung 60 cm.
Gestaltungselemente: gewachste Papierrosen, Hortensienblüten, Dudinea-Flügelschoten, Gartendisteln, Gartenfuchsschwanz, Seegras.

Linke Seite:
Im Bogen verborgen

Behutsame, getragene Festlichkeit vermittelt diese zurückhaltend angeordnete Ausschmückung der holzumkleideten Nische.

Zarte Verfolgung

Filigranes umwirkt Geschlossenheit: Die Strenge der kompakten Holzverarbeitung wird gemildert durch die bewegt-florale Umkränzung — passend zur Transparenz und Zerbrechlichkeit der Gläser.

Gestaltungsart: dekorativ (grafische Verflechtungen mit Gruppierungen).
Farbigkeit: dunkles Rot, Rot-Orange, braunes Oliv, Creme, Türkis, Dunkelpetrol.
Farbliche und stoffliche Ausstrahlung — Stimmung: edel, zurückhaltend, introvertiert, mystisch, nostalgisch.

Zarte Verfolgung

Kostbare Zerbrechlichkeit charakterisiert die mundgeblasenen Gläser, die ihren würdigen, repräsentativen Platz in einer gediegenen Umgebung erhalten haben. Als maßgefertigte Besonderheit in einer holzgetäfelten Stube erfährt das in einem Bogen untergebrachte Regal ganz besondere Beachtung.

Der Wunsch, die beiden massiven Holzkörper, nämlich Rückwand und Bogen, durch eine florale Umkränzung zu unterbrechen, ohne die durchlaufende Holzmaserung in ihrem Ausdruck zu mindern, war die Aufgabenstellung für diese Gestaltung.

Nur etwas Filigranes, Transparentes konnte dieser Bedingung genügen und die beherrschende, edle Holzverarbeitung unterstreichen. Außerdem sollte die Auswahl der Materialien, die diesen Ansprüchen gerecht werden müssen, dem Wesen der Glasunikate wiederum entgegenkommen.

Da sich zwischen Bogen und Rückwand wenige Millimeter Zwischenraum befinden, ist die Befestigung einer zarten Girlande mit Hilfe von Stecknadeln möglich.

Auf Wickeldraht vom Umfang des Bogens werden nun mit dünnstem Draht, wie Garn auf der Rolle erhältlich, ausgesuchte Materialien aufgebunden. Kleine Rosenköpfe aus Papier, zerbrechliche Spitzen von dunklem, präpariertem Adiantum und Asparagus, feingliedriges Perlgras sowie Triebspitzen vom skelettartigen Korallfarn besitzen die hierfür benötigte Erscheinungsform.

Naturhaft wuchernd — Reigen mit immerblühenden Rosen

Romantisch wirkende textile Rosennachbildungen setzen sammelnde Akzente in der frei geformten Girlande, die sich durch unregelmäßige Lebendigkeit — trotz allen toten Materials — auszeichnet.

Ein Materialreigen, wie auf einer durchsichtigen Schnur aneinandergereiht und ineinandergefügt, ist das Ergebnis. Dem Bogenverlauf folgend, wird die Girlande mit Stecknadeln befestigt. Jetzt ist es möglich, noch leichte, umspielende Gräser, beispielsweise getrocknetes Bärgras *(Xerophyllum tenax)* einzufügen. Unter den Draht geklemmt oder zwischen die Röschen gehakt, tänzeln die schmalen Linien über den floralen und den zu schmückenden Bogen hinweg.

Das massive Holz wurde durch das Anbringen dieser zarten Girlande gemildert; die standhafte Schwere hat durch die »gewachsene Lieblichkeit« einen großen Teil ihrer Strenge verloren. Das Holz erschlägt dabei den Reigen nicht mit seiner aufdringlichen Maserung, sondern der Reigen gebietet dem Holz in seiner Ausdrucksstärke Einhalt, bezähmt es und hat eine besinnlich stimmende Ausstrahlung.

Gestaltungsträger: ein abgemessenes Stück Wickeldraht; Länge 75 cm.

Gestaltungsmaterialien: Papierröschen, Adiantum- und Asparagusspitzen, Korallfarn, Perlgras, Bärgras.
Gestaltungsart: dekorativ (grafische Verflechtungen mit Gruppierungen).
Farbigkeit: verwaschenes Rosarot, Rot-Schwarz, Grün-Gelb.
Farbliche und stoffliche Ausstrahlung — Stimmung: edel, elegant, zurückhaltend, beschwingt, grazil, filigran, transparent, schwerelos.

Naturhaft wuchernd, Reigen mit immerblühenden Rosen

Festlich, dekorativ, wild verschlungen könnte die Beschreibung für diese natürlich bewegte Girlande lauten. Eine grobe Unterform aus zusammengefaßten, in eine lockere Ordnung gebrachten Weidenruten bildet das Gerüst für den imposanten Raumschmuck. Mit Wickeldraht befestigte Gestaltungsmittel fügen sich zwischen das Weidengerüst.

Rechte Seite:
Die Herbstsonne ist noch spürbar

Durch seine Farbigkeit verdeutlicht mattrotes Papierband wiederholend die verworren bewegte Durchwirkung der abgestorbenen Weinranken.

Gebrochene, dunkle Rot- und Brauntöne überwiegen in dieser verhaltenen Farbigkeit. Dem Ambiente der Wohnungseinrichtung angepaßt, präsentiert sich diese stimmungsvolle Gestaltung.

Traditionell ist unter einer Girlande ein Formgebinde zu verstehen, das aus einem mehr oder minder schlanken Wulst besteht. Verschiedenste Materialien, wie Buchsbaum, Koniferengrün oder Blüten, werden als stetige Reihe (bei einheitlichem Material) oder als rhythmische Reihe gestaltet.

Flach oder halbrund werden die Gestaltungsmittel mit Wickeldraht auf eine Schnur oder ein Seil gebunden, wenn es sich um einen Wandschmuck handelt. Frei hängende Girlanden sind allseitig rund gearbeitet; dienen sie als liegender Flächenschmuck, sollten sie ein dreiviertelrundes Profil haben.

Nicht gebunden, sondern eher zusammenfassend gewirkt, ist die Unterform für diese Umkränzung entstanden. Nur sechs Nägel dienen zur Befestigung und als Fixpunkte, an denen die Girlande mit Hilfe von Wickeldraht ihren optimalen Halt erhält.

Ebenfalls aus geschmeidigen Weidenruten sind die transparenten Kugeln gefertigt, die an dunkelroten Samtbändern im rechten Bogenbereich herunterhängen. Dabei ist die Wiederholung des Gestaltungsmaterials, einmal in den Kugeln und einmal im Gestaltungsträger, besonders reizvoll.

Zwischen dem Gewirr der Weidenruten sind unterschiedlichste Materialien eingefügt, teils sich selbst haltend, teils mit Wickeldraht befestigt. Weintrauben nachempfundene Fruchtformen ranken sich im rechten herabhängenden Bereich durch die Verästelungen. Dominant präsentieren textile Nachbildungen von Edelrosen ihre großen Blüten und bilden einen Kontrast zu dem verwachsenen naturhaften, wild wuchernden Gestrüpp.

Skurril geformte, beim Trocknen eingedrehte Strelitzienblätter schlängeln sich durch das Gezweig; aufgegliederte Eukalyptustriebe schieben sich in den Raum.

Gewundenes, verspieltes Seegras bahnt sich seinen Weg, und filigrane, transparente Asparagus-Ranken drängen sich überall dazwischen. Wie Gespinste umgeben sie alles Kompakte und umspielen alles Strenge.

Es ist erstaunlich, in welch kurzer Zeit sich ein solcher Raumschmuck gestalten läßt. Macht man sich die gegebenen Verästelungen und das Gefüge der Weidenkonstruktion zunutze, ist die werkgerechte Verarbeitung nicht schwierig. Alle Gestaltungsmittel finden in der rustikalen Unterform Halt und verschmelzen zugleich mit ihr zu einer Einheit.

Gestaltungsträger: locker gewundenes Gerüst in Girlandenform aus Weidenruten; Länge 280 cm.
Gestaltungsmaterialien: Weidenruten für die Girlandenunterform, Kugeln aus Weidenruten, getrocknete Strelitzienblätter, Eukalyptuslaub, Asparagus-Ranken, Nachbildungen von Weintrauben, Stoffrosen, Bänder.
Gestaltungsart: dekorativ (Mischung von Verflechtungen, Reihungen, Gruppierungen, dazu Prinzipien der Symmetrie und Asymmetrie).
Farbigkeit: abgedunkelte Rottöne, Braun-Ocker-Töne, Braun-Grün-Töne, Harmonie der kleinen Kontraste.
Farbliche und stoffliche Ausstrahlung — Stimmung: naturhaft, festlich dekorativ, prächtig, warm, getragen, romantisch.

Die Herbstsonne ist noch spürbar

Der grüne Hopfen läßt erkennen, daß der Herbst Einzug gehalten hat. Golden, in ihrer Wärme bereits verhalten, fällt wohltuend die späte Nachmittagssonne auf den Sitzplatz vor dem Gartenhaus. Eine Girlande umkleidet in unregelmäßiger Dichte die Eingangstür wie wild wuchernde Kletterpflanzen. Es sind die abgestorbenen Ranken selbstklimmenden Weines *(Parthenocissus quinquefolia)*. Als das Nachbarhaus im Frühjahr einen neuen

Anstrich erhielt, mußte ein Teil des Bewuchses weichen. Welch willkommenes Gestaltungsmaterial für jeden Floristen!

Schnell sind die langen Klettertriebe mit Wickeldraht zur beabsichtigten Form zusammengebracht. Kompakt, am Boden beginnend, sich allmählich verjüngend, endet das girlandenartige Gebilde auf Dreiviertellänge der gegenüberliegenden Türseite.

Lange, filigrane, grün-gelbe Hopfenranken beleben das tote Gestrüpp. Unterschiedlich auseinandergezogenes Papierband in verblaßtem Rot durchzieht das Geranke. Intensiver dunkelrot ergänzen gewunden gedrehte, gefärbte Strelitzienblätter die farbige Bewegtheit des Bandes. Mit ihren langen Stielen lassen sie sich bequem durch das Gewirr schieben und sehen wie daraus gewachsen aus. Verhaltenes Rot geht einher mit verhaltenem Grün, Aktives und Passives begegnen sich.

Die grünen, papierähnlichen Hopfenblüten sind wegen ihrer herabhängenden Haltung als passiv zu bezeichnen, während die schlängelnden Bewegungen der Weinranken mit den Rottönen als aktiv charakterisiert werden können.

Runde Formen von Fruchtnachbildungen aus Pappmaché setzen flächige Akzente zwischen all den sich in Bewegung befindenden Gestaltungsmaterialien. Dieser wilkommene Farb- und Formkontrast verleiht allem Fließenden Gewicht und untergliedert die Gleichförmigkeit der Gestaltung.

Etwas schmunzelnd kann man hier die Behauptung aufstellen, daß sogar Totgeglaubtes, wie die Klettertriebe des Weines, wiederbelebt werden kann, selbst wenn nochmals Lebloses zum Einsatz kommt.

Gestaltungsträger: Triebe von selbstklimmendem Wein; Länge etwa 400 cm.
Gestaltungsmaterialien: Triebe vom Wilden Wein, Hopfenranken, gefärbte Strelitzienblätter, Papierband, Nachbildungen von Früchten aus Pappmaché.
Gestaltungsart: dekorativ (Verflechtungen, Reihungen und Gruppierungen; Prinzipien der Symmetrie und Asymmetrie).
Farbigkeit: Erdbraun, Hopfengrün, Grau-Grün; mattes, gebrochenes Rot, warmes Dunkelrot, Komplementär-Kontrast.
Farbliche und stoffliche Ausstrahlung, Stimmung: herbstlich freundlich, heiter, bewegt, lebendig, beschwingt, natürlich.

Gesammeltes und Zusammengetragenes aus der Natur

Besondere Freude entsteht beim Gestalten, wenn man Selbstgefundenes oder -gesammeltes verarbeiten kann. Die Fundorte sind so einmalig wie das Zusammengetragene, und oft hängen Erinnerungen an diesen Fundstücken. Um auf solche Dinge aufmerksam zu werden, muß man gelernt haben zu sehen, und bereit sein, sich mit diesem Material zu befassen und auseinanderzusetzen. Besonders sorgfältig wird dann auch die Gestaltungsmöglichkeit bedacht werden. Alle gewachsenen Dinge sind Unikate, Teile des Gefüges Natur. Wenn man es versteht, eine vorgefundene Harmonie in eine Gestaltung umzusetzen, hat man gelernt zu sehen, zu erkennen, zu bewerten und zu respektieren.

Gewachsen — getrocknet — bereit zur Verarbeitung

Frucht- und Samenstände	
Deutscher Name	Botanischer Name
Bärenklau	*Acanthus mollis*
Elfenbeindistel	*Eryngium giganteum*
Fetthenne	*Sedum telephium*
Goldregen	*Laburnum anagyroides*
Guzano	*Brahea dulcis*
Herkulesstaude	*Heracleum stevenii*
Jungfer im Grünen	*Nigella damascena*
Kardendistel	*Dipsacus sativus*
Klatschmohn	*Papaver rhoeas*
Königskerze	*Verbascum densiflorum*
Lampionblume	*Physalis alkekengi*
Lupine	*Lupinus*-Polyphyllus-Hybride
Mais	*Zea mays*
Palm Male	*Borassus flabellifer*
Riesenlauch	*Allium giganteum*
Rittersporn	*Delphinium ajacis*
Sauerampfer	*Rumex acetosa*
Schmetterlingsstrauch	*Buddleja davidii*
Schwertlilie	*Iris germanica*
Silberling	*Lunaria annua*
Sonnenblume	*Helianthus annuus*
Sonnenhut	*Rudbeckia fulgida; R. hirta*

Deutscher Name	Botanischer Name
Waldrebe	*Clematis*-Hybriden
Waldspiere	*Astilbe*-Arendsii-Hybriden

Blätter

Deutscher Name	Botanischer Name
Ahorn	*Acer palmatum*
Alpenmannstreu	*Eryngium alpinum*
Artischocke	*Cynara cardunculus*
Bärenklau	*Acanthus mollis*
Frauenmantel	*Alchemilla mollis*
Ginkgo	*Ginkgo biloba*
Herkulesstaude	*Heracleum stevenii*
Königsfarn	*Osmunda regalis*
Königskerze	*Verbascum densiflorum*
Rippenfarn	*Blechnum spicant*
Roteiche, Amerikanische	*Quercus rubra*
Sonnenblume	*Helianthus annuus*
Stechpalme	*Ilex aquifolium*
Straußen-, Trichterfarn	*Matteuccia struthiopteris*
Wollziest, Eselsohr	*Stachys byzantina*
Wurmfarn	*Dryopteris filix-max*

Rankwerk

Deutscher Name	Botanischer Name
Baumwürger	*Celastrus orbiculatus*
Duftwicke	*Lathyrus odoratus*
Efeu	*Hedera helix*
Feuer-Prunkbohne	*Phaseolus coccineus*
Glockenrebe	*Cobaea scandens*
Hopfen	*Humulus lupulus*
Indische Erdbeere	*Duchesnea indica*
Jelängerjelieber	*Lonicera caprifolium*
Kapuzinerkresse	*Tropaeolum*-Hybride
Pfeifenwinde	*Aristolochia macrophylla*
Schlingknöterich	*Fallopia baldschuancia*
Staudenwicke	*Lathyrus latifolius*
Trichterwinde	*Ipomoea tricolor*
Waldgeißblatt	*Lonicera caprifolium*
Wilder Wein	*Parthenocissus quinquefolia*
Zierkürbis	*Cucurbita pepo* var. *ovifera*

Skurrile Verholzungen — farbige Rinden

Deutscher Name	Botanischer Name
Bänderweide	*Salix sachalinensis* 'Sekka'
Glyzine	*Wisteria sinensis*
Hartriegel, rot	*Cornus alba* 'Sibirica'
Hartriegel, weiß	*Cornus alba*
Kletterhortensie	*Hydrangea anomala* ssp. *petiolaris*
Korkenzieherhasel	*Corylus avellana* 'Contorta'
Korkenzieherweide	*Salix matsudana* 'Tortuosa'
Schlehe	*Prunus spinosa*
Spindelstrauch	*Euonymus alata*

Gehölzfrüchte

Deutscher Name	Botanischer Name der Pflanze
Bucheckern	*Fagus sylvatica*
Eicheln	*Quercus robur*
Erlenzapfen	*Alnus glutinosa*
Essigbaumkolben	*Rhus typhina*
Fichtenzapfen	*Picea abies*
Flügelfrüchte, Ahorn	*Acer platanoides*
Flügelfrüchte, Hainbuche	*Carpinus betulus*
Flügelfrüchte, Linde	*Tilia platyphyllos*
Haselnuß	*Corylus avellana*
Kastanie	*Aesculus hippocastanum*
Kiefernzapfen	*Pinus sylvestris*
Lärchenzapfen	*Larix decidua*
Magnolienkolben	*Magnolia soulangiana*
Walnuß	*Juglans regia*
Zedernzapfen	*Cedrus atlantica*
Zypressenzapfen	*Cupressus sempervirens*

Moose und Flechten

Deutscher Name	Botanischer Name
Bartflechte, echte	*Usnea longissima*
Islandmoos, Rentierflechte	*Cladonia alpestris*
Lappenmoos	*Ctenidium molluscum*
Plattenmoos, Polstermoos	*Leucobryum glaucum*

Viele Moose stehen unter Naturschutz und sind daher hier nicht genannt.

Gräser und Binsen

Deutscher Name	Botanischer Name
Ackertrespe, Wildhafer	*Bromus arvensis*
Bambus	*Pseudosasa japonica*
Binse	*Juncus inflexus*
Chinaschilf	*Miscanthus sacchariflorus*
Federborstengras	*Pennisetum alopecuroides*
Federgras	*Stipa pennata*
Flaschenbürstengras	*Hystrix patula*
Goldbandleistengras	*Spartina pectinata*
Haargerste	*Elymus arenarius*
Hasenschwanzgras	*Lagurus ovatus*
Mähnengerste	*Hordeum jubatum*
Morgensternsegge	*Carex grayi*
Pampasgras	*Cortaderia selloana*
Papyrus, Zypergras	*Cyperus papyrus*
Rohrkolben	*Typha latifolia*
Rutenhirse	*Panicum virgatum*
Silberfedergras	*Miscanthus sinensis* 'Gracillimus'
Sumpfschachtelhalm	*Equisetum palustre*
Sumpfsimse	*Elocharis palustris*
Uferschilf	*Phragmites australis*
Zittergras	*Briza maxima, B. media, B. minor*

Getreidearten

Deutscher Name	Botanischer Name
Gerste	*Hordeum vulgare*
Hafer	*Avena sativa*
Roggen	*Secale cereale*
Weizen	*Triticum aestivum*

Trockenblumen — Blumen, die zum Trocknen geeignet sind

Deutscher Name	Botanischer Name
Alpenmannstreu, violett	*Eryngium alpinum*
Alpenmannstreu, blaugrau	*Eryngium tripartitum*
Artischocke	*Cynara cardunculus*
Bärenklau	*Acanthus longifolius*
Edelweiß	*Leontopodium souliei*
Federbuschcelosie	*Celosia argentea* var. *plumosa*
Fetthenne	*Sedum telephium*
Flockenblume, gelbe	*Centaurea macrocephala*

Deutscher Name	Botanischer Name
Frauenmantel	*Alchemilla mollis*
Gartenfuchsschwanz	*Amaranthus caudatus*
Gartenrittersporn	*Delphinium ajacis*
Gartensauerampfer	*Rumex acetosa* var. *hortensis*
Golddistel	*Carlina vulgaris*
Goldrute	*Solidago-*Hybriden
Jungfer im Grünen	*Nigella damascena*
Kugelamarant	*Gomphrena globosa*
Kugeldistel	*Echinops ritro*
Lampionblume	*Physalis alkekengi*
Leberbalsam, gelbes Ageratum	*Lonas annua*
Meerlavendel, weiße Statice	*Goniolimon tataricum*
Meerlavendel, Rispenstatice	*Limonium suworowii*
Mohn, türkischer	*Papaver orientale*
Muschelblume	*Moluccella laevis*
Mutterkraut	*Matricaria perforata*
Papierblume	*Xeranthemum annuum*
Papierknöpfchen	*Ammobium alatum*
Pfingstrose	*Paeonia-*Lactiflora-Hybriden
Prachtscharte	*Liatris spicata*
Salvie, blaue	*Salvia farinacea*
Schafgarbe, Kulturform	*Achillea filipendulina*
Schafgarbe, Wildform	*Achillea millefolium*
Schildblume	*Chelone obliqua*
Schleierkraut, einjährig	*Gypsophila paniculata*
Schleierkraut, mehrjährig	*Gypsophila elegans*
Silberdistel, Kulturform	*Carlina acaulis*
Silberkerze	*Cimicifuga racemosa*
Skabiose	*Scabiosa caucasica*
Solidaster	*Solidaster luteus*
Sommerrittersporn	*Delphinium ajacis*
Sonnenblume	*Helianthus annuus*
Sonnenbraut	*Helenium-*Hybriden
Sonnenflügel	*Helipterum manglesii, H. roseum*
Sonnenhut, roter	*Echinacea purpurea*
Sterndolde	*Astrantia maxima*
Strohblume	*Helichrysum bracteatum*
Waldspiere	*Astilbe-*Arendsii-Hybriden

Exoten aus Importen

Alles Ungewohnte, Fremde macht neugierig und so bückt man sich nach abgefallenen Zapfen, Rindenstücken, abgetrockneten Blättern und heruntergefallenen Fruchtkapseln oder Schoten. Oft wandern diese Stücke mit ins Reisegepäck und erhalten daheim einen Platz. Auch bewußt Suchende sind unterwegs, die mit dem Gefundenen und Gesammelten bereits Vorstellungen verbinden, wie sie diese Materialien wirkungsvoll verarbeiten wollen.

Auch die Kombination aus heimischer und fremder Vegetation hat ihren Reiz. Die Neugierde auf mögliche Gestaltungssituationen wird angeregt. Da alles Exotische auch seinen Preis besitzt und wirkliche Besonderheiten eher selten im Angebot zu finden sind, kommt diesen Materialien schon deshalb ein besonderer Stellenwert bei der Verarbeitung zu. Oftmals werden sie zur Akzentsetzung eingebracht oder als Unikate, deren Besonderheit durch die Gestaltung hervorgehoben wird.

Die meisten Importe kommen aus Afrika, Südamerika, Australien oder Neuseeland zu uns. Aber auch aus dem näher gelegenen Mittelmeerraum werden pflanzliche Besonderheiten bereitgestellt.

Aus dem Angebot nicht mehr wegzudenken

Waren in den 20er und 30er Jahren die Trockenblumen fast in Vergessenheit geraten, so wurde die Liebe zu ihnen in den 60er Jahren neu geweckt. Formenvielfalt und interessante Wuchsformen ausschließlich heimischer Materialien waren geschätzt. Die Gestaltungsvielfalt hielt sich selbstverständlich in Grenzen, so daß vorrangig dekorative Arrangements angefertigt wurden. Erst allmählich bemühte man sich um neue Gestaltungsmöglichkeiten.

In den 80er Jahren erreichten uns eine Flut australischer Wildblüten sowie ein breitgefächertes Angebot an *Protea-* und *Banksia-*Arten aus Afrika. Diese holzigen Blütenträger sind sehr haltbar. Allmählich eintrocknend, verlieren sie zwar ihre natürlich frische Farbe und ihren Duft, doch ihre Wuchsform und ihr Habitus bleiben erhalten und machen letztlich auch den schmückenden Wert aus. Der wahre Liebhaber von Trockenmaterialien sieht in ihnen keine Staubfänger, sondern erfreut sich daran wie andere Menschen an frischen Blumen.

Anfangs erhielten viele Exoten Phantasienamen, die heute manchmal noch als Handelsnamen auftauchen. Die Pflanzen waren häufig unbekannt, und von den angebotenen Pflanzenteilen war selten auf die Herkunftspflanze zu schließen, und so mußte man sich vorläufig mit diesen Namen begnügen. Inzwischen, da sie aus dem Angebot für Floristen nicht mehr wegzudenken sind, hat man sich erfolgreich bemüht zu einer übereinstimmenden Benennung zu kommen.

Das Angebot besteht längst nicht mehr nur aus Wildformen, sondern auch aus gezüchteten Arten. In Großgärtnereien und auf Plantagen wird all das angebaut, was unsere Vorliebe findet, was die aktuelle Floristik bestimmt und was im Trend der Jahreszeit liegt.

Blütenköpfe, Blütenböden, Samenstände, Früchte, Kapseln, Knospen, Schoten, Rispen, Gräser, Getreide, Blätter, Zweige — kurzum alles, was pflanzlich interessant ist, kann gekauft werden.

Nachfolgend werden einige wichtige Vertreter dieser mannigfaltigen Besonderheiten genannt und kurz beschrieben. Hierbei handelt es sich vor allem um die in diesem Buch genannten Gestaltungsmittel, und solche, die ganzjährig im Angebot zu finden sind und deren Äußeres uns oft bekannter ist als der botanische Name.

Exoten sind nicht nur schön

Exotische Materialien sind infolge ihrer guten Haltbarkeit und dekorativen Wirkung beliebte und geeignete Werkstoffe

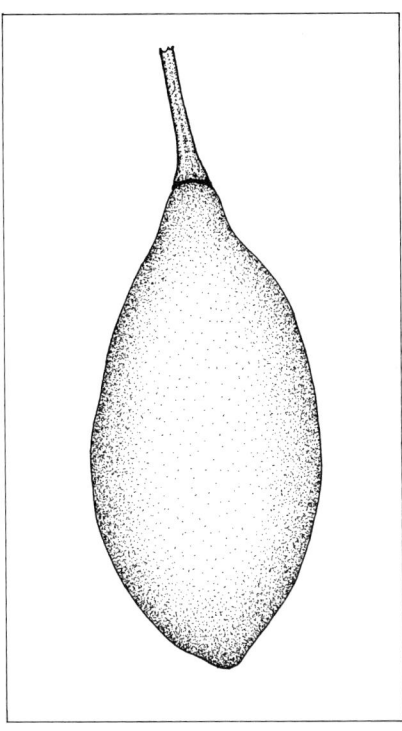

für floralen Wandschmuck. Wir sollten sie aber sehr bewußt einsetzen, da es gegen ihre Verwendung durchaus auch Einwände gibt, die sich zum Teil aus dem bereits Gesagten ergeben und die hier nicht unerwähnt bleiben sollen:

Insbesondere die auf Plantagen und in Großgärtnereien kultivierten Pflanzen werden zum Teil in erheblichem Maße mit Pflanzenschutzmitteln behandelt, deren Verwendung nicht wie bei uns gesetzlichen Einschränkungen unterliegt. Auch rücksichtslose Färbemethoden zur optischen Auffrischung mancher beim Trocknen verblichener Pflanzenteile sind durchaus üblich. Geliefert wird in allen gewünschten Farbnuancen und aktuellen Trendfarben. Auch formstabilisierende Maßnahmen durch chemische Mittel werden durchgeführt, bei denen gesundheitliche Schädigungen nicht auszuschließen sind.

Dadurch können sich unter Umständen Risiken sowohl für die Mitarbeiter auf den Plantagen als auch für den Verarbeiter hier bei uns ergeben. Wenngleich dies die Floristen als professionelle Verarbeiter in ungleich höherem Maße betrifft als den Hobbygestalter, sollte dieser Aspekt doch nicht ganz unberücksichtigt bleiben.

Ferner ist auch der Gesichtspunkt des Artenschutzes zu bedenken, was vor allem für Wildwachsendes in fernen Ländern gilt. Schließlich kommt hinzu, daß der Transport der pflanzlichen Materialien rund um den Erdball äußerst energieintensiv ist.

Frucht des Affenbrotbaumes, Adansonia.

Wichtige Trockenmaterialien und ihre Namen

Adansonia digitata, Affenbrotbaum oder Baobab trägt bis zu kindskopfgroße, massive, filzbehaarte Früchte. Die Farben schwanken von Hellgrün bis Gelblichbeige und Ocker. Es ist schwierig, diese harten, hölzernen Früchte anzudrahten; entweder steckt man sie mit ihrem vorhandenen Stiel senkrecht in die Steckunterlage oder wendet die Heißklebe-Methode an (Gestaltung Seite 62).

Agave americana: Diese Pflanze ist charakteristisch für die Vegetation des Mittelmeerraumes. Die Agave blüht nur einmal in ihrem Leben, danach stirbt sie ab. Die bis zu 5 m hohen Blütenstände trocknen nach der Fruchtbildung ein; verwendet

Zum Stecken in Trockensteckmasse werden Schoten mit einem Steckdraht versehen.

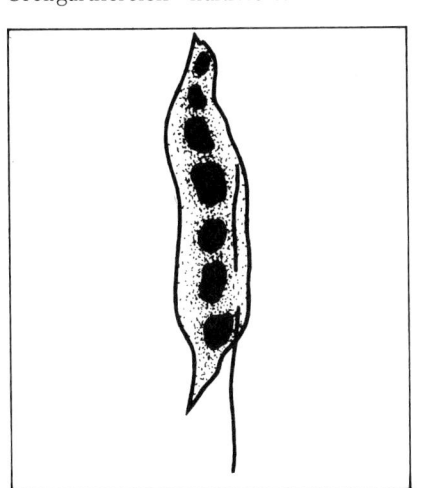

103

Zusammengeschrumpftes Aloe-Blatt.

werden einzelne Seitenäste mit und ohne Kapselfrüchte.

Albizia lebbeck: Die Pflanze mit dem zungenbrecherischen Namen »Djeungdjing« bringt schmale, leichte Schoten hervor in einem hellen, warmen Ockerton, oft mit etwas Grün durchzogen (Gestaltung Seite 39 und 63).

Aloë africana: Wie der Name schon sagt, ist diese Pflanze in den Trockengebieten Afrikas zu Hause. Die untersten Blätter dieser wasserspeichernden Pflanze trocknen bei alten Exemplaren aus und schrumpfen zu bizarren Formen zusammen.

Anigozanthos pulcherrimus: Bekannt als Känguruhpfötchen und natürlich aus Australien stammend. Sie büßen beim Trocknen ihre Farbe kaum ein, doch sind die kleinen Trichterblüten sehr brüchig und daher empfindlich.

Banksia grandis: Zur Familie der Proteen (Proteaceae) gehörend, zeichnet sich diese afrikanische Wildblüte durch ihre gezackten, fast löwenzahnähnlichen, harten Niederblätter unterhalb der kolbenförmigen Blüte aus. Diese sind als Gestaltungsmittel beliebter als der schwere Blütenkopf.

Coccoloba uvifera: Mit dem Handelsnamen Apfelblatt oder Hoja de Manzano hat dieses harte, rötlich-hellbraune Blatt in seiner Erscheinung nichts gemein. Im frischen Zustand sind die fast runden Blätter der Seetraube ledrig und dunkelgrün. Beim Absterben verfärben sie sich in ein faszinierendes Gelborange und werden beim Trocknen schlagartig braun.

Cocos nucifera: Von der Kokospalme werden nicht nur die bis zu einem Meter lang werdenden Wedel und deren Nüsse gehandelt, sondern auch die die Pflanze

Links:
Beim harten Coccoloba-Blatt wird der Steckdraht über den Hauptnerv geführt und um den Blattstiel gedreht.

Rechts:
Das Geflecht aus weichen Kokosfasern läßt sich, unten etwas eingerollt, einfach andrahten und zum Abdecken großer Flächen verwenden.

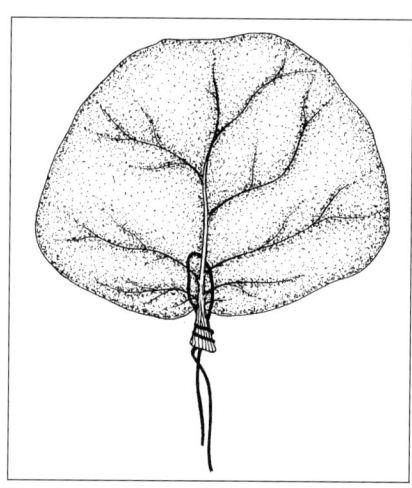

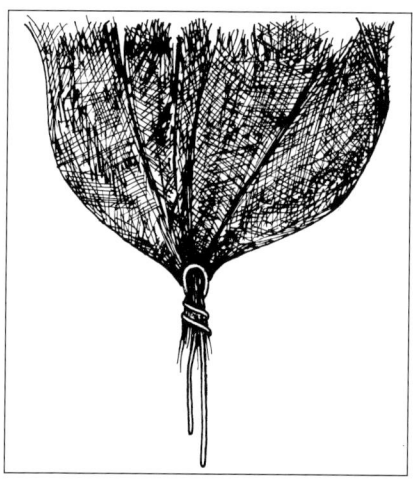

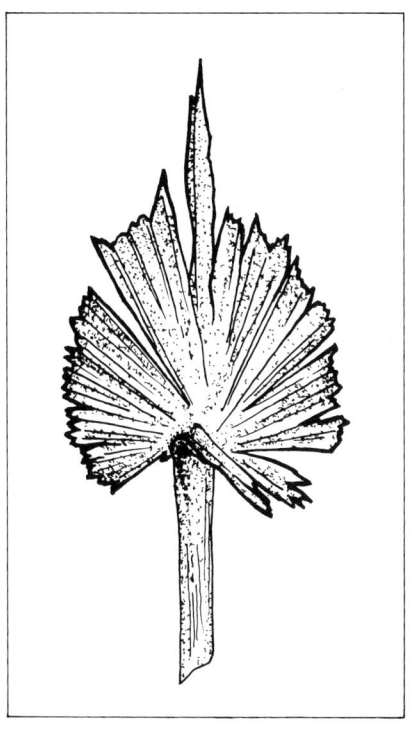

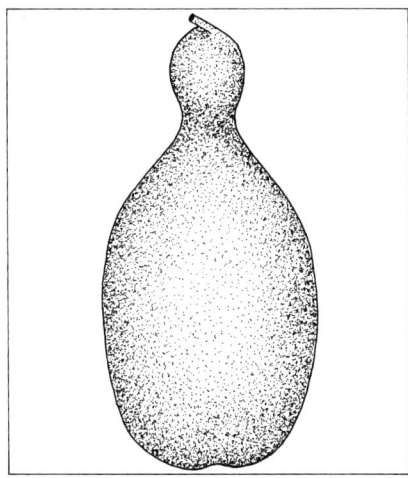

Links:
Zur Lanzenform gestutztes Palmblatt.

Rechts:
Flaschenkürbis, Lagenaria aegyptiaca.

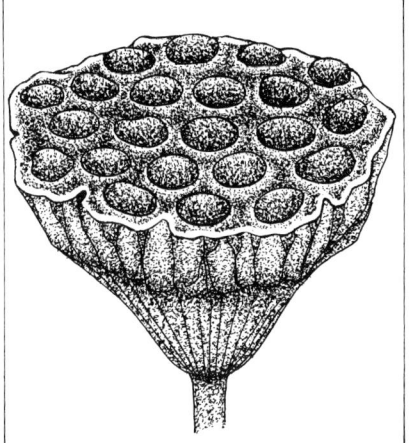

Lotosfruchtstand von Nelumbo nucifera.

Elefantenohr, geöffnete Fruchtkapsel von Xylia xylocarpa.

aufbauenden und umgebenden Gewebeteile. Die pflanzlichen Fasern erweisen sich als sehr brauchbares Gestaltungsmittel mit besonderer Oberflächenstruktur.

Cynara cardunculus: Die Artischocke wird mittlerweile auch bei uns als Sommerzierpflanze von besonderer Größe in den Gärten gezogen. Die Blütenköpfe mit ihren leuchtend blau-violetten Röhrenblüten sind der auffälligste Schmuck dieser Pflanze. Naturbelassen oder gefärbt, werden sie getrocknet angeboten (Gestaltung Seite 49). Aber auch ihre rauhen, zerklüfteten Blätter lassen sich gut trocknen und haben dann eine interessante, eigenwillige Form.

Datura stramonium: Der Stechapfel trägt seinen Namen zu Recht. Stachelbewehrte Kapselfrüchte sind sein charakteristisches Merkmal. Oft sind sie bereits aufgesprungen und nicht mehr an ihrem tragenden Zweig. Gebleicht oder im natürlichen warmen Ockerfarbton hält sie der Fachhandel bereit.

Dryandra D. nivea: Zu den Proteen gehörend, zeichnet sich diese Pflanze durch ihre distelartigen Blütenstände aus. Einzeln oder zu mehreren am Zweig verarbeitet, bereichert diese jede Gestaltung durch ihre interessante Oberflächenbeschaffenheit. Auch andere *Dryandra*-Arten, wie *D. squarrosa, D. nivea*, sind als Trockenmaterial für die Floristik interessant.

Entada phaseoloides: Dieser Hülsenfrüchtler gehört zu den Vertretern im tropischen Afrika und Asien, die mit die größten Fruchtformen des Pflanzenreiches hervorbringen. Diese bohnenförmige Schote mit dem Handelsnamen Pangra gehört zu den kostbaren Besonderheiten (Gestaltung Seite 63).

Lagenaria siceraria: Flaschenkürbisse oder Kalebassen zeichnen sich durch ihre unterschiedlichsten Wuchsformen aus. Von birnengroß und -förmig bis zur deformierten Ovalform von beachtlichem Ausmaß erheben diese gelblich-bräunlichen Früchte beträchtlichen Geltungsanspruch.

Leucadendron striticum: Die rötlichbraunen zapfenähnlichen Fruchtstände an langen harten Stielen erinnern an unsere heimischen Lärchenzapfen. Ihr grafischer Wuchs wird beim Gestalten sehr geschätzt.

Nelumbro nucifera: Die Frucht der indischen Lotosblume ist botanisch gesehen ein Fruchtstand. Die fast schwarzen, erbsengroßen Früchte liegen regelmäßig verteilt in den Öffnungen des vergrößerten Blütenbodens. Wenn diese bereits ausgefallen sind, erscheint die Oberfläche kraterartig durchbrochen. Meistens werden die größeren Fruchtstände ohne Stiel angeboten, manchmal gibt es auch kleine Formen, die noch ihre skurril gewachsene Sproßache besitzen (Gestaltung Seite 74).

Newcastelia hexharrhena: Die wollig weichen Samenstände des Sagobusches sind besonders stoßempfindlich. Als Tuff verarbeitet, gehören sie zu den Gestaltungsmitteln mit flauschig-samtiger Struktur.

Protea speciosa: Die Familie der Proteen weist unzählige Arten auf. Die hier genannte sei wegen ihrer wolligen, samtartigen schwarzen Enden an den äußeren Blütenblättern erwähnt.

Raphia farinifera: Die Raphia-Palme, die auch Lieferant unseres Bindebastes ist, bildet handförmige Fruchtstände mit glänzenden Einzelfrüchten aus. Fast unecht erscheinen diese wegen ihrer an Plastik erinnernden Oberfläche.

Xylia xylocarpa: Die fast handgroßen aufgeplatzten Fruchtstände des Quebrachobaumes sind unter dem Namen Elefantenohr im Handel bekannt. Samtige Ocker-Beige-Brauntöne zeichnen das Äußere dieser Kapselfrucht aus. Ihre leicht glänzenden Innenflächen erscheinen pergamentartig ausgekleidet und stehen in wirkungsvollem Kontrast zur matten Außenschale.

Literaturverzeichnis

ENCKE, F., BUCHHEIM, G. UND SEYBOLD, S.: Zander — Handwörterbuch der Pflanzennamen, Verlag Eugen Ulmer, Stuttgart 1984, 13. Auflage.

ITTEN, J.: Die Kunst der Farbe. Otto Maier Verlag, Ravensburg 1970

WEGENER, U. UND P.: Florales Gestalten mit Trockenblumen. Verlag Eugen Ulmer, Stuttgart 1981.

WUNDERMANN, J.: Der Hobby-Florist. Verlag Eugen Ulmer, Stuttgart 1983, 2. Auflage.

WUNDERMANN, J., STOBBE-ROSENSTOCK, F.: Der Florist, Band 1. Gestaltungslehre und floristisches Gestalten. Verlag Eugen Ulmer, Stuttgart 1989, 7. Auflage.

WUNDERMANN, J., BERGER, G., BORNEMANN, G., GRANOW, G., MÖHRING, P.: Der Florist, Band 2. Pflanze, Material, Beruf. Verlag Eugen Ulmer, Stuttgart 1990.

Ergänzende Lektüre:

ASSMANN, P.: Objekte — floral und nicht floral. Appel Druck Donau Verlag, Günzburg 1993.

BOLETZKY v., N.: Objekte — Körper — Flächen. Kromer Verlag, Lenzburg-Schweiz 1992.

GRANOW, G.: Schmuckkränze und Girlanden. Verlag Eugen Ulmer, Stuttgart 1989.

HERR, E., und MENZEL, P.: Trockenblumen: Sammeln, Präparieren, Gestalten. Verlag Eugen Ulmer, Stuttgart 1986, 4. Auflage.

SPRUNGER, S., und WIELER, M.: Trockenmaterialien für die Floristik. Verlag Eugen Ulmer, Stuttgart 1992.

WEGENER, U.: Pflanzen konservieren. Verlag Eugen Ulmer, Stuttgart 1990.

Register

Abdrucktechnik 78
Abtönfarbe 59, 63
aquarellieren 77
Asymmetrie 11, 12, 13, 19

Band 36, 69
Bewegungsform 19, 20, 50
Bienenwaben 54
Binsen 100
Blätter 98
Bündelungen 16, 60

Caparol-Binder 58, 70
Collage 14, 16, 51, 57, 77, 78

Deckfarben 77
dekorativ 11
Draht 27, 51, 75, 89, 92

Elefantenhaut 26
Erscheinungsform 17, 54, 85, 92
Exoten 62, 102

Farbe 19, 20, 21, 22, 67, 72, 77
Farbenlehre 21, 22
Farbharmonie 22
Farbkreis 21, 47
Farbstimmung 59
Farbträger 78
Feston 14
Fixierhilfen 27, 69
Flächengestaltung 15, 16, 40
Flächengliederung 14, 69
Flechten 99
Floral-Collagen 77, 78
Flower-hair 46
Form 20, 77
Formgebinde 94
Formkontraste 38, 96
Friesgestaltung 14, 16, 84, 85, 89
Fruchtnachbildungen 91, 96
Fruchtstände 97

Geflechte 37
Gegenmotiv 18
Gehölzfrüchte 99
Geltungsanspruch 12, 19, 57, 84, 89
geometrische Mitte 12, 19
Gesetz der Beschränkung 17
Gesetz der Rangordnung 18, 19, 48

Gestaltungsarten 11, 13, 19
Gestaltungsmittel 17, 21, 28, 59, 70, 78, 81, 86
Gestaltungsprinzipien 11, 13
Gestaltungsträger 28, 69, 70, 73, 75, 81, 83, 84, 86, 87, 91, 94
Girlande 12, 13, 93, 94
Glyzerin-Methode 26
Gouache-Tempera-Farben 77
Gräser 100
Grauleiter 22
Grundfarben 21
Gruppengesetz 17
Gruppenwirkung 17
Gruppierung 15, 16, 17
Gummiarabikum 26

Haltbarmachen 26
Harmonie 18, 86, 97
harmonische Dreiheit 18
Hauptmotiv 18
Heißkleber 27, 47, 63, 64, 69, 88

Klarlack 26
Klebepistole 29
Körbe 37, 42, 43
Komplementärkontrast 23, 71
Kontaktkleber 63
Kontraste 20, 29, 47, 69, 96
Kordel 51
Korkplatten 54
Kranz 12, 14, 31
Kranzunterlage 31, 33, 91
Kunstfrüchte 38, 43, 45, 46, 91, 96
Kunstharz 53

Linienführung 47, 51, 72

Materialauswahl 19, 24, 64
Materialbild 16, 47, 53, 72
Materialgerechtigkeit 39, 59, 84
Materialstudie 56, 67
Messingösen 75
Milieu 24, 32, 56, 59
Mischfarben 21, 22
Montagebild 77
Moose 99
Motiv 18

Nachbarfarben 23

Naturfärbemittel 27
Nebenmotiv 18

Oberflächenstrukturen 19, 20, 27, 29, 38, 47, 70
optisches Gleichgewicht 11, 13, 29, 82
optischer Gewichtsausgleich 11, 13, 29, 82
optischer Schwerpunkt 29
Ordnungslehre 11
Ordnungsprinzipien 11
Ornamentbogen 16

Papierband 35, 38, 47, 94, 96
parallel 16, 40, 64
Pastellfarben 22
Patinierung 51
pressen 25

Rangordnung 18, 19, 48
Rankwerk 98
Reihung 13, 14, 84, 94
Reliefgestaltung 84, 86, 89
rhythmische Reihe 14, 94
Rinde 99

Samenstände 97
Schichtungen 16
Seidenblumen 34
Sekundärfarben 21
Setzkastenfüllung 29
Silikagel 25
Sprühkleber 26, 27, 54, 56, 71
Stabilisierungshilfen 27
Staffelungen 16
Stapelungen 16, 18
stetige Reihe 13

Stofflichkeit 20, 67, 69, 74, 80
Streuung 14, 15, 84
Strohblumennadeln 44
Strukturen 15, 20, 51, 56, 61, 63, 67, 84, 85
Strukturbilder 14
Symmetrie 11, 12, 13, 19
Symmetrieachse 12

Tauchfarben 27
Technische Hilfsmittel 27, 63
Textilblumen 34, 93, 94
Textur 20, 56, 84, 87
Transparenz 75, 82, 92
Trockenblumen 100, 102, 103
Trockenmethoden 25
Trockensteckmasse 29, 45, 63

vegetativ 12, 58
Veredelungsmethoden 26
Verfremdung 48
Verholzungen 99

Waagepunkt 11, 12
Wahrhaftigkeit 39
Wandkranz 11, 12
Werkgerechtigkeit 39, 59, 94
Werkstoff 9, 10, 19, 20, 24, 40, 48, 67, 77, 83
Werkzeuge 27
Wicklung 51
Wuchsform 12, 60, 74, 102
Wuchsrichtung 89
Wuchsverhalten 17

Zapfen 55, 57, 72
Zweckgerechtigkeit 39

Wenn Ihnen der Sinn nach mehr steht...

Schöne Blumengestecke. Die Autorin zeigt die wichtigsten Techniken und die nötigen Steckhilfen, um Blumen und Blattwerk ansprechend anzuordnen. Dabei werden Verschiedene Formen und Stile vorgestellt. Von Gisela von Wissel. 112 Seiten, 57 Farbfotos, 32 Zeichnungen, ISBN 3-8001-6445-0

Der Hobby-Florist. Praxis des Gestaltens mit Blumen. Eine Darstellung aller nur denkbaren Techniken der Floristik. Hier können auch Anfänger für jede Gelegenheit Blumenschmuck schaffen. Von Ingeborg Wundermann. Ca. 300 Seiten, 120 Farbfotos, 300 Zeichnungen. ISBN 3-8001-6497-3. Diese 2. Aufl. erscheint voraussichtl. im Juli 1993.

Sträuße. Geschichte, Technik, Gestaltung. Aus dem Inhalt: Strauß- und Gebindeformen in alter und neuer Zeit. Kennzeichen der Gestaltung. Das Handwerk des Bindens. Straußformen und ihre charakteristischen Merkmale. Straußthemen. Von Ursula Wegener. 172 Seiten, 44 Farbfotos, 106 s/w-Fotos, 149 Zeichnungen. ISBN 3-8001-6483-3

Blumenschmuck nach Jahreszeit. Pflanzen, Gefäße, Stimmungen. 54 meisterhafte Gestaltungen mit Pflanzen für festliche Anlässe und zur Bereicherung des Alltags für eigenes kreatives Tun. Von Christiane Büch und Thomas Gehm. 111 Seiten, 54 Farbfotos, 28 Zeichnungen. ISBN 3-8001-6424-8

Pflanzen konservieren. Es werden die verschiedensten Techniken und Methoden beschrieben, wie Pflanzen, Blüten und Früchte konserviert werden können. Darüber hinaus erhält der Leser Anregungen zur floristischen Verarbeitung. Von Ursula Wegener. 128 Seiten, 55 Farbfotos, 31 Zeichnungen, 4 Tabellen. ISBN 3-8001-6235-0

Verlag Eugen Ulmer, Stuttgart

Ulmers Pflanzenmagazin

**IGELPOLSTER-FLUR
SEIDELBAST
COTTAGE-GARTEN**

Gartenpraxis ist **die** Lektüre für Menschen, die sich mit der Welt der Pflanzen und Gärten beschäftigen.

Ob Sie die Liebe zu Ihren Pflanzen als Hobby oder im Beruf pflegen — durch **Gartenpraxis — Ulmers Pflanzenmagazin** erfahren Sie jeden Monat Neues und Interessantes über Gehölze und Stauden. Auch Themen wie Orchideen, Kakteen, Kübelpflanzen und Sommerblumen kommen nicht zu kurz.

Gartenpraxis gibt dem Leser nützliche Tips über die Ansprüche dieser Pflanzen und die Möglichkeiten ihrer Verwendung.

Durch die vielen farbigen Abbildungen von Pflanzen und Gärten, botanischen Illustrationen, Bestimmungsschlüsseln und tabellarischen Sortimentsübersichten erhält die **Gartenpraxis** ihre besondere Note.

Bei Ihrer Vorliebe für dieses Thema sind Sie jetzt sicherlich neugierig geworden. Dann fordern Sie Ihr **persönliches Probeheft** völlig kostenlos an bei: Verlag Eugen Ulmer, Postfach 70 05 61, 70574 Stuttgart.